# 正史版本谈

辛德勇 著

Copyright © 2021 by SDX Joint Publishing Company.
All Rights Reserved.

本作品版权由生活·读书·新知三联书店所有。
未经许可，不得翻印。

**图书在版编目（CIP）数据**

正史版本谈／辛德勇著．—北京：生活·读书·新知三联书店，2021.10
ISBN 978–7–108–07214–6

Ⅰ.①正⋯　Ⅱ.①辛⋯　Ⅲ.①版本学－研究－中国－宋元时期　Ⅳ.① G256.22

中国版本图书馆 CIP 数据核字（2021）第 153258 号

| | | |
|---|---|---|
| 责任编辑 | 张 | 龙 |
| 装帧设计 | 薛 | 宇 |
| 责任印制 | 徐 | 方 |

出版发行　生活·讀書·新知 三联书店
　　　　　（北京市东城区美术馆东街 22 号 100010）
网　　址　www.sdxjpc.com
经　　销　新华书店
制　　作　北京金舵手世纪图文设计有限公司
印　　刷　河北鹏润印刷有限公司
版　　次　2021 年 10 月北京第 1 版
　　　　　2021 年 10 月北京第 1 次印刷
开　　本　880 毫米 × 1230 毫米　1/32　印张 9.875
字　　数　193 千字　图 128 幅
印　　数　0,001-6,000 册
定　　价　69.00 元

（印装查询：01064002715；邮购查询：01084010542）

作者近照（黎明 摄影）

辛德勇，男，1959年生，北京大学历史学系教授，北京大学古地理与古文献研究中心主任。主要从事中国历史地理学、历史文献学研究，兼事中国地理学史、中国地图学史和中国古代政治史研究。主要著作有《隋唐两京丛考》《古代交通与地理文献研究》《历史的空间与空间的历史》《秦汉政区与边界地理研究》《建元与改元：西汉新莽年号研究》《旧史舆地文录》《石室滕言》《旧史舆地文编》《制造汉武帝》《祭獭食蹠》《海昏侯刘贺》《中国印刷史研究》《〈史记〉新本校勘》《发现燕然山铭》《学人书影（初集）》《海昏侯新论》《生死秦始皇》《辛德勇读书随笔集》《通鉴版本谈》《正史版本谈》等。

# 自　序

写出一些关涉正史版本的文稿,以至凑成这本小书,纯粹出于偶然。

在所谓"项目"和"课题"笼罩学界的今天,这或许有些"异样"的味道;更准确地说,写出这些文稿的我,在学人群体之中,是颇显"异类"的。不过我做学术研究,只是为满足自己的好奇心,这是个乐子,因而对什么好奇就琢磨什么,觉得什么好玩儿就琢磨什么,琢磨出什么就写下什么。从来如此,一向如此,实在平常得很。读者喜欢看就看,不必多想。

近若干年来,本来十分落寞的版本学研究,忽地兴盛起来,出现很多考古籍版本、论古籍版本的著述。在我看来,这种局面自然会大大推动文史研究的深入开展。这样的想法,并不是泛泛而谈,而是直接针对一些人对版本目录学研究的奇怪认识,有感而发。

这种奇怪的认识,是把古籍版本目录研究同历史研究割裂开来。你做古籍版本目录研究,他就给你贴个"历史文献学学者"之类的标签，背后的潜台词，是把你从"历史学者"群中踢将出去。这意味着在这些人看来，第一，所谓"历史学者"并不需要学习历史文献学知识，并不需要掌握历史文献学基础；第二，所谓"历史文献学学者"很"滥污"（Low），也就是很低端，很不上档次。

这两层意思，决定了这些人往往会把基于历史文献考辨分析得出的认识，贬斥为不懂历史研究，不懂什么是历史学，甚至根本不懂什么是历史。譬如，他们看待我的老师黄永年先生与陈寅恪先生不同的意见是这样，看待我同田余庆先生不同的意见也是这样——尽管在历史文献的考辨分析中他们做不出有理有据的论述，无法以理服人，甚至可以说完全束手无策，但却可以大模大样地把你的认识摒除于历史研究之外。

学术乃天下之公器，当然由不得这帮人恣意评定。事实上，真正富有价值也真正具有持久生命力的文史研究，必然建立在扎实可靠的历史文献基础之上；换句话来讲，也可以说真正的历史研究必须建立在可靠的历史文献基础之上。不然的话，就不是一项合格的历史研究，而要想做深做细历史文献的考辨分析，就要求研究者具备基本的版本目录学知识。

显而易见，包括版本学在内的历史文献学知识和历史文献学研究，本来就是历史研究的重要组成部分；研究版本，也就是研究历史。只有那些只会按照某种自以为是的范式来考察史事的人，才会把历史文献知识同历史学研究分割开来，对立起来。其实只要稍加观察，就不难发现，这一派学者几乎无不孤陋寡闻，同历史文献相当隔膜。这些人对历史文献的排斥，实际上出自他们的无知与无能。

当然这些人在今日学术圈里是很有影响力的。但人生在世，为了做学问，本来就要舍弃很多自己的喜好，若是再把学术研究做得那么干瘪，那么枯燥，那么面目可憎，岂不枉来世间走了这一遭，何苦来的呢？

既然在我的治学理念当中是把包括版本目录在内的历史文献学内容作为历史研究必不可缺的组成部分，研治版本目录等历史文献学内容就是在揭示历史的真实面目，因而也就会随目之所见，纵心之所驰，努力厘清版刻现象衍变的来龙去脉，揭示版刻特征背后的文化因缘。也就是想到哪里，就写到哪里。既不会依循通行的程序，更不去追求特定的目标。如果说这本小书在版本学研究方面有什么值得一提的特色的话，就是这一点。

2021年6月1日记

# 目　次

自　序 · I

由所谓"蜀大字本《史记》"谈到中国版刻史研究 · 1

怎样编一部好书影 · 27

再谈所谓"蜀大字本《史记》" · 53

变戏法的帽子赶着戴
　　——还是谈谈《史记》的版本 · 71

颜师古注的《汉书》叫什么名 · 95

是艺林佳话还是学林笑话 · 109

比传说中的景祐本更早的《汉书》 · 121

高眼看《高纪》 · 129

"帝纪"怎么就成了第一 · 163

著述何以名"注补" · 199

书影重重怎么就见不到书名 · 209

御撰正史 · 223

莫名法义的《晋书音义》 · 243

新撰故国史 · 253

眉山东坡肉与"眉山七史" · 275

# 由所谓『蜀大字本《史记》』谈到中国版刻史研究

由于专业的原因，翻检《国家图书馆宋元善本图录》（浙江古籍出版社，2019，以下简称《图录》），首先看的是史部。

其第 0337 号是宋绍兴淮南路转运司刻附《集解》本《史记》，但递修到了明朝初年（也就是书版刊刻于南宋绍兴年间，但元朝用这副版印过，明初又用这副版子所印的本子。这种书，习称"三朝本"）。

据《图录》介绍，用宋淮南路转运司递修书版印制的原本，已残缺不全。其缺失的部分，是藏书者另以"宋蜀刻大字本、元大德九路本、明抄本、清抄本"杂配上的。

引起我关注的，是清代一位名叫吴云的人写在书衣上的这样一段跋语：

> 蜀大字本《史记》，计本纪十二卷〔十册〕、年表十卷〔十册〕、八书八卷〔四册〕、世家三十卷〔十二册〕、列传七十卷〔三十册〕，通计一百三十卷六十六册。惜钞配及别本羼入者过半。

通观此语，这位吴云先生所说的"蜀大字本"，显然是针对这部书的主体部分亦即现在《图录》编纂者讲述的宋绍兴淮南路转运司刻本而言，而不是今日所说补配的"蜀刻大字本"。民国年间著录嘉业堂藏书的《嘉业堂善本书影》即标记此本为"蜀大字本"，并选印了吴云这段题跋（见《嘉业堂善本书影》卷二），说明嘉业堂主人刘承干也是这样理解吴云的跋语。

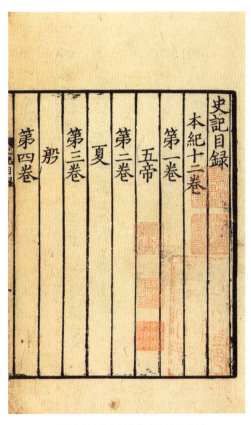

国家图书馆藏宋绍兴淮南路转运司刻
宋元明初递修附《集解》本《史记》

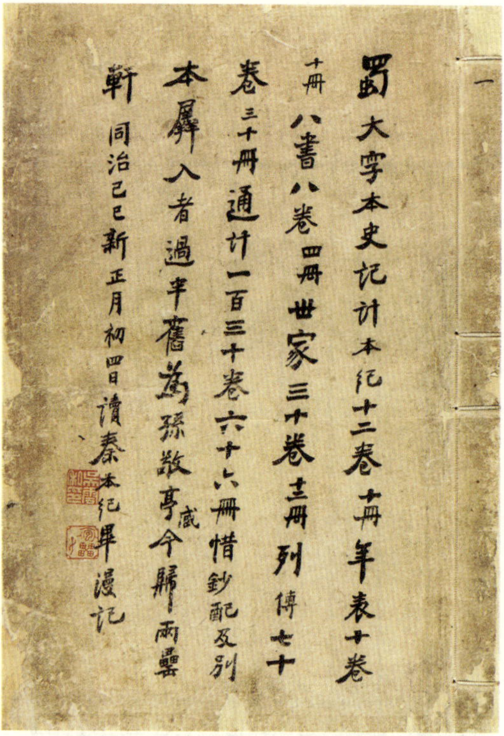

蜀大字本史記計本紀十二卷、兩年表十卷、
十冊、八書八卷四冊、世家三十卷十三冊、列傳七十
卷三十冊、通計一百三十卷六十六冊、惜鈔配及別
本羼入者過半、舊為孫敬亭今歸兩罍
軒、同治己巳新正月初四日讀秦本紀畢漫記

国家图书馆藏宋绍兴淮南路转运司刻宋元明初递修
附《集解》本《史记》吴云跋语

可是，在今天，稍读过黄永年先生《古籍版本学》的人，瞄一眼前面出示的这部《史记》主体部分的书影，就可以从刻书字体中清楚看出，这是典型的宋浙本系统的书籍，绝不可能是所谓蜀刻本。

那么，这位吴云先生为什么会这样信口开河，以致指鹿为马呢？不了解中国版刻史的朋友，一定会满头雾水。

像天下所有学问都有一个发生发展的过程一样，古籍版本学也不是自古以来就是现在大家看到的这个样子。对中国古籍版本进行科学、系统的研究，可以说是发端于王国维先生而形成于业师黄永年先生，中间则有赵万里先生承上启下。前面我们看到的这段吴云的题跋，撰述于同治年间，那时学者和藏书家们对历代版刻的认识，可以说还相当模糊。

今上海图书馆收藏有一部与国家图书馆这部绍兴淮南路转运司刻本同版的初印残本，清人徐渭仁在咸丰四年（1854）撰写题跋，比前面提到的吴云又进一步，乃径称之为"孟蜀大字《史记》"，亦即五代十国时孟氏后蜀所刊。迨民国元年杨守敬观览此书，亦不过改"孟蜀大字"为"南宋蜀大字本"而已，可是却仍将其梓行地点定在四川（见上海图书馆编《上海图书馆藏宋本图录》）。

那么，他们为什么会这样看呢？对此，徐渭仁没讲，到后来，杨守敬则做有如下一段说明：

> 有徐渭仁，题为"孟蜀本"。渭仁盖习闻孟蜀有大字

高祖本紀第八 史記八

高祖，沛豐邑中陽里人，姓劉氏，字季。父曰太公，母曰劉媼。
　漢書音義曰：諱邦，字季。禮諡法無高，以爲功最高而爲漢帝，故特起名焉。
　李斐曰：沛，小沛也。劉氏隨魏徙大梁，栘在豐居。
　中陽里，孟康曰：後爲縣。
　漢書皆謂老媼爲媼。孟康曰：長老尊稱也。禮樂志地神曰媼。媼，愛燕后賢長安君禮。文穎曰：幽州及漢中皆謂老嫗爲媼。左師謂太后曰媼。媼，母別名也，音烏老反。

其先劉媼嘗息大澤之陂，夢與神遇。是時雷電晦冥，太公往視，則見蛟龍於其上。已而有身，遂產高祖。高祖爲人，隆準而龍顏，
　服虔曰：準音拙。應劭曰：隆，高也。準，頰權，準也。顏，顙也。齊人謂之顙。汝南淮泗之閒

南宋蜀大字史記集解殘本三十卷
舊為上海郁泰峰所藏有徐渭仁題為
孟蜀本渭不習聞孟蜀有大字本不
考此本避禎桓構皆諱筆書中不見
過凡遇桓構擋皆缺筆乃知此本的為
宋譯奇字則不缺筆亦知此本的為
高宗時所刊雕鏤之精搥墨之美少
高宗時所刊雕鏤之精搥墨之美少

右孟蜀大字史記三十卷向為琴川
張氏當湖胡氏兩藏今歸吾友郁君
泰峰宜稼堂揮架泰峰好藏書尤
究心於宋元古刻半生大江南北浙東西
故家搜之以祕籍來不惜重資購之故
僅有者咸豐癸丑邑中粹越大荒泰峰
得寬而寬佳不下數十種皆絕無
以先見靈柩在寢撑子抱出門己身死

本，不考此本避讳至南宋高宗止。今通检一过……足知此本的为高宗时所刊。雕镂之精，楮墨之美，少有伦匹，不知何以残缺乃尔。大抵宋代刻书，以蜀本字为最大，盖沿于孟蜀之刻"五经"。以余所见，杭、建、汴、赣、鄂亦间有大字者，而要不如此本之特出，题为"蜀本"，亦未为过。

这样我们就明白了——不为别的，就是因为这书上的字个头长得特别大。

从积极角度讲，这固然是从字迹形态角度对蜀地刻书的特点做了统计分析——实际上后来黄永年先生总结出来的南宋时期各地版刻的地域特征，其首要着眼点，也是统计学意义上的归纳概括。可若是以批判的眼光来看，这样的统计和归纳，也未免太过于粗疏，太表象了，并没有能够把握蜀刻本字体的实质性特征。

做一个大家比较容易理解的比喻，这就好像我们东亚的蒙古人种大多数都没有西洋高加索人种长得那么高大，但像穆铁柱、姚明那样的人也不是十分罕见，你不能一遇到需要仰着脖子看的人就把他算作西洋人。

如同杨守敬所见所言，实际的情况正是"杭、建、汴、赣、鄂亦间有大字者"，只不过在他的心目中是"以蜀本字为最大"而已。可是看过一些影印宋版古书的人都明白，这"大"与"最大"之间的差别，实在是一件说不清道不明的事儿。由此看来，仅仅靠大块头的身量来判断一个刻本的属地，是没有道理的。由于确实说不清楚，杨守敬最后也只好稀里糊涂地说，因为这个本子的字刻得特别大，所以姑且把它"题为'蜀本'，亦未为过"；换句话来表述，也就是马马虎虎地可以这么将就着说的意思。

杨守敬是清末民初著名的古籍收藏家和古籍版本研究专家，现在很多不大了解古籍版本的文史学人，由于对此道生疏隔膜，往往会对像杨守敬这样的学者油然生发满满的迷信；至于社会上那些收藏古刻旧本和喜好古代版刻的玩家，对他这个级别的高手当然更是膜拜不已。

对待这类写在古代名刻佳椠上的大家题跋，除了看重名人书法墨迹的文物价值之外，作为学人，看它的内容，我以为必须注意如下两点。

第一点，名人首先是个人，是个和你我一样肉身凡胎的人，而只要是个人，就都会有世俗的应酬。既然生活在俗世社会里，谁也没法彻底免俗。杨守敬写下这篇题跋，是缘于藏书主人甘作蕃（号翰臣）请他观览藏书，在这种场合，不管是谁，当然都要顺情说好话，不能把话讲得太实在。人家是花大价钱买下的宝贝，瞧得起，才请你过来一块儿赏玩，于情于理，都没必要专拣煞风景的话说，更何况这题跋还是白纸黑字写在人家的宋版书上，当然得让主人心顺。大家若是看看下面这个杨守敬给甘作蕃题写的书箱，或许能够更加鲜活地理解这一层因素。

　　看古代刻本，所谓字大如钱，当然更加赏心悦目，而所谓"蜀大字本"又在人们心目中形成了一个强烈而又固定的印象，藏书的主人甘作蕃自然喜欢这个本子具有这样的属性；再说此前徐渭仁业已把这部书认作"孟蜀大字"之本。杨守敬已经把一个"古老"的"五代刻本"往下拉到南宋了，何必在蜀地所刻这一点上再拂人兴致呢？我们看他"题为'蜀本'，亦未为过"的说法，实在是很勉强的，不过聊备一说而已。

　　第二点，其实也就是我在这里所要谈论的核心问题，对古籍版本进行现代学术性研究，在杨守敬之前根本没有，因而对这部书的版刻状况也就没有任何深入系统的认识。

一方面，把这样的版本认定为所谓"蜀大字本"，绝不是个别现象，可以说是清代嘉道以来的普遍认识。例如，清中期大藏书家张金吾，在其于嘉庆道光年间编著的《爱日精庐藏书志》里，就把这个本子称作"宋蜀大字本"（见此书卷八）；又如清后期大版本学者莫友芝，在他的《宋元旧本书经眼录》里，也是把这个本子认定为"宋蜀刻大字本"（见此书卷一"史记集解"条）。下面再来看杨守敬的看法，虽然如上所述，他对把这个本子认作宋蜀刻本颇有些勉强，但这并不意味着他对宋代版刻的地域性特征具有什么清楚的认识。杨守敬觉得没有把握指认这部《史记》一定属于蜀本，并不等于他心里就清楚究竟什么样的本子才算得上是蜀地的刻本。

在那个时代，不仅杨守敬不行，莫友芝不行，别人也不行。过去我在《黄永年先生对中国古籍版本学的贡献》一文（见拙著《翻书说故事》）中曾经举述了傅增湘的例子，来说明这一点。傅增湘是与杨守敬约略同时的著名版本学家和大藏书家，可他竟把典型的福建建阳书坊刻本《增修互注礼部韵略》错认作南宋国子监刻本，也就是标准的浙本。在今天看来，建本和浙本，简直是天差地别的两种东西，差的码子，可比这里讨论的《史记》是不是属于"蜀大字本"要大得多了。可这就是当时的认识水平。

这种情况，到了赵万里的时代，虽然取得很大幅度的进展，但却没有得到根本的解决。浙本、蜀本和建本，这本是

古人文移案牘用紙皆精好事後尚可他用蘇子美
監進奏院以鬻故紙公錢祀神宴客得罪可見世
故紙未嘗輕弃今官文書紙率輕薄不耐久
史記集解　宋蜀刻大字本　上海郁氏藏
玄畂畇貞衡諱貌字相尊缺愼不缺每葉十八行行
十六字注行二十一二十二字不等初印紙墨精絜
本紀存五六八九十一十二七卷表存四五兩卷
世家存五至十及十八至二十四及二十六卷
傳三十九四十及四十七至五十僅六卷廿二十九
卷每卷有當湖小重山館胡氏遂江珍藏紀九卷又

清同治刻本《宋元舊本書經眼錄》

前人述及宋代版刻时常常谈到的三个颇有标志性意义的词语。在《中国版刻图录》的序文里，赵万里先生通过列举代表性的版本，展示了这三个词语所蕴含的版刻形态；同时，对南宋时期其他地区的刻本，也按照其雕版地域做出了排列。这就给系统地认识南宋时期的地域版刻特征以及进而展示其地域版刻体系，奠定了一个重要的基础。这个基础，既是相当全面的，也是具体而又显著的。在当时的条件下，能够做到这一点，是需要具备良好的学术意识和敏锐的学术眼光的。

黄永年先生正是在赵万里先生奠定的这一基础之上，对宋金时期的版刻做出归纳总结，明确划分出南宋时期三大版刻地域体系——今川渝地区的蜀本，福建建阳书坊的建本以及以浙江为中心（又广泛涵盖蜀本、建本之外其他所有南宋疆土）的浙本。另外还有北方金国的平水本。

这意味着第一次清楚界定了浙本、蜀本和建本三大版刻类型的地域范围。仅仅这一点，在中国古籍版本的研究史上，就具有划时代的意义，但黄永年先生的创建，还不止于此，他还举述了关键性要素，清楚指明了这三大版刻体系各自的基本特征，以字体、版式和印书用纸这三大要素作为划分的指标，对两宋辽金以及其他各个时期的版刻特征做了具体而又明晰的归纳概括。中国古籍版本学的学科体系，就是这样才正式建立起来的。这项里程碑式的学术建树，主要体现在黄永年先生的《古籍版本学》一书中。

具体说到我谈论的这个《史记》的版本问题，赵万里先生在《中国版刻图录》里面，是把它列为今南京地区所刻的书籍，这当然要比所谓"蜀大字本"之说合理很多，但仍存在一些需要指出的问题。

首先是赵万里先生依据书口上的刻工姓名，指出这批刻工"与建康府江南东路转运司本《后汉书》，以及当涂、宣城等地刻书多同"，"因推知此书刻版实由南宋初叶南京地区工人担任"（见《中国版刻图录》卷首之《目录》）。宋建康府即今南京地区，自古为天下名区，经济和文化都很发达，若谓当地雕版印刷较为先进，具备比较优越的印刷条件，固亦有由也，而当涂、宣城两地都已离开建康府有一段距离，宣城尤甚，建康府同这两个地方在行政上也没有隶属关系。这告诉我们有居住在建康府里的刻书工匠流动到了当涂和宣城，即刻工在一定距离内是可以移动的，是可以被雇用到临近地区干活的。所以，我们不能这样简单地把这部书的刊刻地点推定在今天的南京。

一方面，赵万里先生指出，在这部刻本一些卷次之末，镌有校对"无为军军学教授潘旦"和监雕"淮南路转运司干办公事石蒙正"的衔名。淮南路的行政设置情况稍微有些复杂，详情一时还很难梳理得十分清楚，不过大致可知在南宋高宗绍兴至孝宗乾道年间，曾有一段时间，淮南转运司的治所，是设在无为军的（见周振鹤主编《中国行政区划通史》之李昌宪著《宋西夏卷》），也就是现在的安徽无为。这部《史记》上镌记的校刻官员名衔，反映的应该就是这一时期的情况；同时它也告诉我们，这部书籍的刊刻地点，就应该是无为军，是淮南路转运司雇用了建康府的刻工到无为军来为官府刻书。情况就像这些刻工离开建康府去当涂、宣城一带打工一样。

另一方面，在《中国版刻图录》中，赵万里先生也是依据上述校勘官员的题名，将其定作"宋绍兴淮南转运司刻本"（这实际上是本自乃师王国维先生，说见王氏《两浙古刊本考》卷上及《观堂别集》卷三《宋刊后汉书郡国志残叶跋》）。现在《国家图书馆宋元善本图录》将此本标记为"宋绍兴淮南路转运司刻本"，实际上也是沿承赵万里先生这一结论。但他们都没有思考为什么非要把这书送到建康去刻而不是雇工来无为干活这一问题。其实此本由"无为军军学教授潘旦"司职校对以及由"淮南路转运司干办公事石蒙正"负责监雕的情况，就已经清楚表明了其书乃雕镂于无为这一事实。

在今天的某些古籍版本专家眼里，或许这无关紧要，不管是刻在建康，还是刻在无为，都不妨碍他们赏玩。可我们若是把古代版刻作为一项文化产业来做研究，认定无为这一刊刻地点，它的意义就不一样了。这可以让我们更好地认识无为在南宋时期的文化发达情况，特别是其文化产业的发达情况；还可以帮助我们更加清楚地认识南宋时期版刻地理的总体状态，即浙本、蜀本和建本这三大版刻类型中浙本系统的地域分布范围与地域形态。这就是学术，或者说是我心目中的历史研究。这样的历史研究，就是通过一个个具体的事项来重现逝去的历史面貌。既不要哲学的诠释，也不要社会学的模式。

其次是像赵万里先生这样通过刻工姓名来认证书籍的刊

刻地点，只能说是一种非常简单而又完全没有触及版刻形态之地域特点的辨析方式；或者更严格地说，这样的方法是不具有任何学术思辨性的，只是一种工匠式技术操作。赵万里先生所做的这项工作，对我们认识宋代的蜀本以及浙本等版刻地域特征，并没有能够提供一丝一毫的帮助。

与此大为不同的是，黄永年先生则在《古籍版本学》这部书中对南宋时期各个版刻系统的外在形态都做出了清楚的描述，人们很容易根据这些描述，来判断具体书籍的地域属性。

譬如关于宋蜀本的字体特征，黄永年先生将其归纳为两种形态：一种就是所谓蜀大字本和十二行小字本，基本上是颜体字的架子，但撇捺都长而尖利，渗入了中唐书法家柳公权的柳字成分，即所谓颜柳混合的字体（我用东北家乡的土话将其描述为伸手伸脚，支腿拉胯）；另一种是十一行小字本，则撇捺都不太尖利而点画比较古拙，笔道也不甚均匀。总的来说，蜀本的字体不如浙本和建本美观（附案关于宋蜀本的情况，黄永年先生在《古籍版本学》中的表述，与先前在《古文献学四讲》之《版本学》中的表述不尽相同，窃以为还是后者更为详明）。

字体形态，是黄永年分析历朝历代和各个不同地区版刻特点的首要切入点，而仅仅依据字体这一特征，我们就可以轻而易举地把这部绍兴初年淮南转运司刻本《史记》从蜀刻本中排除出去，并将其划入浙本体系，因为其字体是具有典型宋浙本特征的欧体字。

如果仅仅把这样的版刻地域特征用于古籍版本的鉴别，那么就大大降低了古籍版本学的历史学价值。版刻是历史上一种重要的文化现象，同时也是一门文化产业。归纳总结其地域特征，利用这些特征鉴别清楚那些缺乏刊刻注记的古籍，就能够使我们对这一文化现象有一个清楚的了解，进而阐释其发生发展的历史缘由。

现在我们回过头再来看《国家图书馆宋元善本图录》对这部《史记》的著录情况，即"宋绍兴淮南路转运司刻宋元明初递修本［配宋蜀刻大字本、元大德九路本、明抄本、清抄本］"。那么，这样的著录形式是不是十分妥当呢？由于没有看到原书，《图录》的编纂者也没有针对每一页书影做出具体的说明，所以，这里只能就《图录》展示的画面来论《图录》，谈谈我的困惑。

第一，所谓"宋绍兴淮南路转运司刻本"，指的到底是《图录》中的哪些图片？除了本文一开头那一页目录是摆在第一幅的位置上，我理解一定是指这个"宋绍兴淮南路转运司刻本"的页面（按照常理好像只能这样理解）之外，另外还有两个字体比较大的页面（见下页图）。

我看这两页书影，同前面那页目录一模一样，应该出自同一副书版，也就是说应该同属"宋绍兴淮南路转运司刻本"。对比该《图录》前面的另一部毛晋汲古阁旧藏"宋绍兴淮南路转运司刻宋元明初递修本"《史记》（第0336号藏品），可以更切实地证明这一判断。若与上海图书馆藏初印本比较，则写工刀法似微有差异，字画略显细弱，疑或是距初印时间较近补修的版片，但绝非另一版本。我理解，这应该就是清人吴云所说

## 史紀集解序

裴駰

班固有言曰司馬遷據左氏國語采世本戰國策述楚漢春秋接其後事訖于天漢其言秦漢詳矣至於採經摭傳分散數家之事甚多疏略或有抵捂亦其所涉獵者廣博貫穿經傳馳騁古今上下數千載間斯已勤矣又其是非頗謬於聖人論大道則先黃老而後六經序游俠則退處士而進姦雄述貨殖則崇勢利而羞賤貧此其所蔽也然自劉向揚雄博極群書皆稱遷有良史之才服其善序事理辯而不華質而不俚其文直其事核不虛美不隱惡故謂之實錄

斯誠命世之宏才也

史記音義

徐廣曰凡是徐氏義稱徐姓名以別之餘者悉是駰注解幷集衆家義

### 五帝本紀卷第一

史記一徐廣曰一無此字

### 五帝本紀

黃帝者徐廣曰號有熊少典之子姓公孫譙周曰有熊國君少典之子也皇甫謐曰有熊今河南新鄭是也名曰軒轅徐廣曰墨子曰年踰十五則聰明心慮無不徇通矣案徇疾也生而神靈弱而能言幼而徇齊徇疾也齊速也言聖德幼而疾速也長而敦敏成而聰明軒轅之

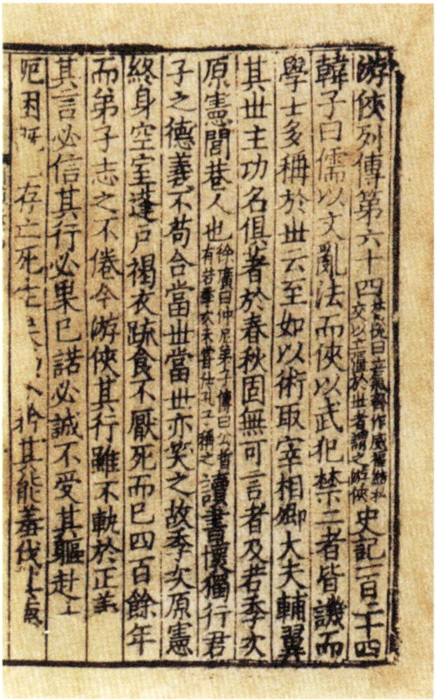

游俠列傳第六十四（[illegible]交以立強於世者謂之游俠）史記一百二十四
韓子曰儒以文亂法而俠以武犯禁二者皆譏而
學士多稱於世云至如以術取宰相卿大夫輔翼
其世主功名俱著於春秋固無可言者及若季次
原憲閭巷人也（徐廣曰仲尼弟子傳曰公晳哀字季次未嘗仕孔子稱之）讀書懷獨行君
子之德義不苟合當世當世亦笑之故季次原憲
終身空室蓬戶褐衣疏食不厭死而已四百餘年
而弟子志之不倦今游俠其行雖不軌於正義
其言必信其行必果已諾必誠不愛其軀赴士
之阨困[illegible]存亡死生[illegible]矜其能羞伐其德

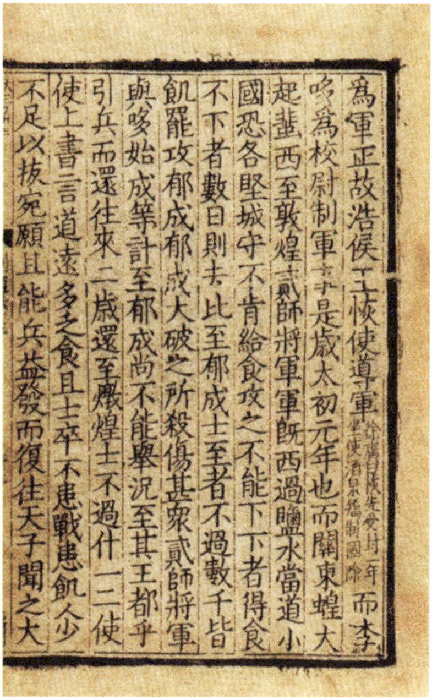

爲軍正故浩侯王恢使導軍（徐廣曰恢先受封一年坐使酒泉矯制國除）而李
哆爲校尉制軍事是歲太初元年也而關東蝗大
起蜚西至敦煌貳師將軍軍既西過鹽水當道小
國恐各堅城守不肯給食攻之不能下下者得食
不下者數日則去比至郁成士至者不過數千皆
飢罷攻郁成郁成大破之所殺傷甚衆貳師將軍
與哆始成等計至郁成尚不能舉況至其王都乎
引兵而還往來二歲還至敦煌士不過什一二使
使上書言道遠多乏食且士卒不患戰患飢人少
不足以拔宛願且能兵益發而復往天子聞之大

《国家图书馆宋元善本图录》第 0337 号藏品
“宋绍兴淮南路转运司刻宋元明初递修本”书影

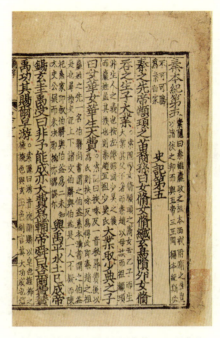

《国家图书馆宋元善本图录》第 0353 号藏品
元大德饶州路儒学刻本《史记》

的"蜀大字本"。

第二，《图录》介绍的这部书所"配宋蜀刻大字本"指的到底是什么呢？请看《图录》还列有两帧画面很小的书影，与前面所说的那三帧图幅明显不是一个版本。

因为没有尺寸的注记，到底是大字还是小字似乎不大好说。但行款字数的对比，也还能够大致说明问题：前面那三幅被我认作"宋绍兴淮南路转运司刻本"的页面，是每半页9行，每行16字；这个是每半页10行，每行19字。所以这个版本的字形恐怕只能比"宋绍兴淮南路转运司刻本"小，而不会更大，不大可能是所谓"蜀刻大字本"。再说，这字体是很典型的浙本欧体字，它也绝不可能是蜀本。

那么，它能不能是书中另一配本即所谓"元大德九路本"呢？同样也不是。因为就在这本《图录》里我们可以看到，其中的第0353号藏品，便是这种"元大德九路本"，请看其书影。

字体和行款都截然不同，甚至还根本不是同一种书——《图录》中那两页书影，是单附着南朝裴骃《史记集解》的《史记》，而"元大德九路本"则同时附有裴骃的《史记集解》和唐人司马贞撰著的《史记索隐》。这意味着那两帧书影也绝不可能是"元大德九路本"。

翻检国图这本《图录》，紧跟在这部"宋绍兴淮南路转运司刻本"后面的第0338号藏品"宋刻宋元明递修本"单附《集解》本《史记》，倒是和它长得很相像。

下页左边，是前面那两幅书影之一；右边，是第0338号藏品。巧了，竟然是同一个页码，大家看看长得是不是很像？顺便给不大懂古代版刻的朋友介绍一个小知识：大家看到最右边那一行的"王"字，中间是不是有个横断的裂纹？再仔细看看，这道裂纹是向右贯通边框，向左穿过了半个版面的。这是书版自然开裂的纹路，它可以帮助我们判断这些页面是否来自同一副书版。这办法虽然有点傻，但一般很可靠。因为纯自然的裂纹，并不是按照上帝的意愿绽开的，通常就不大可能赶到同一个地方去裂成一模一样的纹路。

这事儿可真是奇怪。但在我们读者看来，若是这部书里真有这些页面，《图录》的说明就必须改写，应当增入这种既不是所谓"宋蜀刻大字本"，也不是"元大德九路本"的配本。

至于这部书是不是真的配有"元大德九路本"《史记》，不看到原书，还不大好说，但这样配书，我觉得稍微有些怪异——就是前面谈到的，"元大德九路本"同时附有裴骃的《史记集解》和司马贞的《史记索隐》，同只附有《史记集解》的"宋绍兴淮南路转运司刻本"《史记》不是同一种书。

不过这种"元大德九路本"《史记》，是指元江东建康道肃政廉访司属下宁国、徽州、饶州等九路（州）儒学或书院合刻"十史"（"十七史"中除去南北朝"七史"）中的太史公书，其中《史记》为饶州路儒学所刊。这套合刻诸史，可以说是版刻史上常见的版本，并不那么稀罕，弄对弄错，稍微知晓一些古籍版本知识的人倒都不是特别在意。关键是《图录》中所说的"宋蜀刻大字本"到底长得是什么样呢？

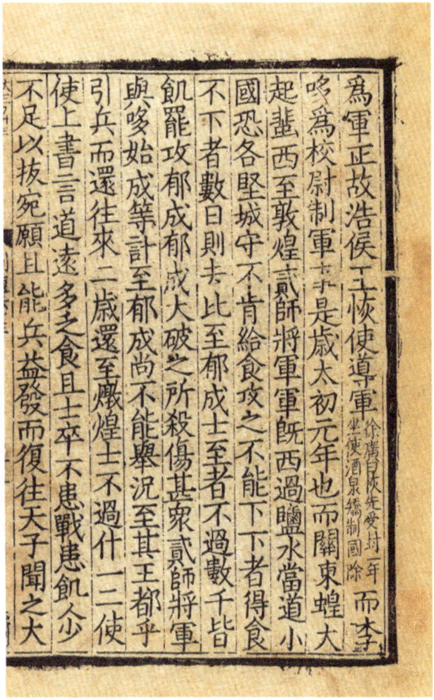

《国家图书馆宋元善本图录》
第 0337 号藏品（左）和第 0338 号（右）藏品

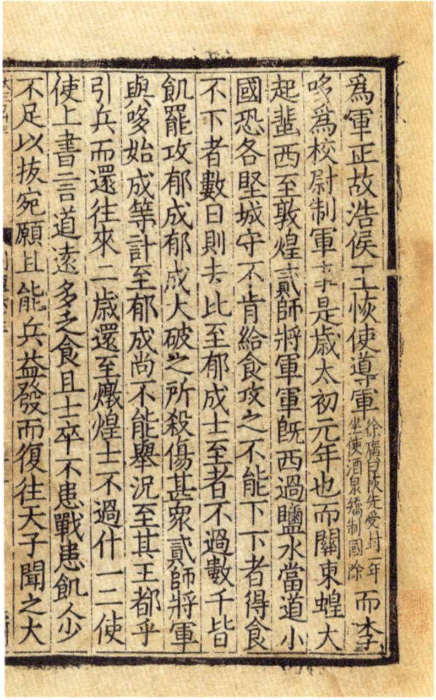

如前所述，所谓"宋蜀刻大字本"《史记》问题，自清代中期以来一直就是笔糊涂账，在我们具体讨论的这部书当中，又是真蜀刻大字本和假蜀刻大字本交集在一起，乍看起来，是很让人头大的，难免云里雾里，摸不着头脑。《图录》编纂者既然总共出示了五帧书影让读者来了解这部补配而成的"宋绍兴淮南路转运司刻本"，那么，好歹也该腾出一帧版面，让读者瞧上那么一眼这"宋蜀刻大字本"的样子。不然，读者就更不好理解《图录》中哪些书影是"宋绍兴淮南路转运司刻本"了。

好在在上世纪五十年代科学出版社出版的《史记研究的资料和论文索引》里（中国科学院历史研究所第一、二所编，相关版本内容由贺次君先生撰写，并经张政烺先生审阅），我们看到了一页这个补配卷次的书影。

对照黄永年先生揭示的宋蜀刻大字本的字体特征，这倒真是一部宋蜀刻大字本《史记》。看它的行款和"宋绍兴淮南路转运司刻本"完全相同（都是每半页9行16字），字形大小二者也差相仿佛，很可能是根据同一部底本重刻。因此，用它来补配"宋绍兴淮南路转运司刻本"，也很得当。

可令人意想不到的是，日本专门研究宋元正史版刻的版本学专家尾崎康，却说没有任何迹象显示此本为蜀刻（见尾崎氏《正史宋元版之研究》）。我想，尾崎氏的意思大概是说版面上并没有镌记蜀地刊刻的注记。

按照我的理解，版本学的研究，其中很重要的一项基础性的职事，就是要能够通过版面的形式特征来判断其刊刻年代

循吏列傳第五十九 史記一百十九

大史公曰法令所以道民也刑罰所以禁姦也文武不備良民懼然身修者官未曾亂也奉職循理亦可以為治何必威嚴哉

孫叔敖者楚之處士也虞丘相進之於楚莊王以自代也三月為楚相施教導民上下和合世俗盛美政緩禁止吏無姦邪盜賊不起秋冬勸民山採春夏以水〔徐廣曰乘多水時而出〕各得其所便民皆樂其生莊王以為

宋蜀刻大字单附《集解》本《史记》
（据水泽利忠《史记会注考证校补》转录本）

和地点等项问题。这就像侦探破案，要是所有的罪犯都像武二郎那样，用毛笔沾上黑墨汁，把自己的姓名在白墙面上写得一清二楚，恐怕也就不需要侦探了。当年黄永年先生在西安市文管会的一大堆古书残页中一眼就发现一张元刊《新编红白蜘蛛小说》的残页，使当代的人们第一次看到元刻小说话本的真面目，依据的就是它圆劲的颜体字等元代建阳书坊刻本的版刻特征（说见业师《记元刻〈新编红白蜘蛛小说〉残页》，收入黄永年先生文集《文史探微》），而不是明晃晃地刻在书上的商家堂号（当然，建阳书坊的刻本是一律没有镌记刻工姓名的）。这才是更具有古籍版本学特性的古代版刻研究。

话，还是由蜀大字本《史记》谈到中国版刻史研究上来——这门学科是由业师黄永年先生建成的。在黄永年先生之后，古籍版本学才成为一门像模像样的学问。

2020 年 5 月 8 日记

怎样编一部好书影

我在自己的微信公众号上发布《由所谓"蜀大字本〈史记〉"谈到中国版刻史研究》一文，其间谈到几句对近期新出《国家图书馆宋元善本图录》的批评意见。

这是一套大型古籍善本图录，16大册。按照此书《凡例》的说法，它是"对国家图书馆所藏宋元版古籍逐一著录并配以书影"，也就是第一次把中国大陆最大最好的一宗宋元本馆藏以代表性版刻影像的形式公之于世。一下子看到这么多、这么好的书影，而且《图录》的印制装帧还都挺漂亮，当然首先是很高兴的。刚一打开书，激动得心还怦怦跳。

要是没人编，也没人出，这些书影，像我这样的人，哪怕只是其中的一帧影像，也是根本看不到的。因此，这套《国家图书馆宋元善本图录》能够编印面世，不说令人感激涕零，也称得上是一件"喜大普奔"的大好事了。所有关心中国古代版刻的人，都应该对编纂者和出版者心生感激，我自然也不例外。

1978年11月，在我进入大学校园还不到一年的时候（我们七七级是在1978年春天入学的），上海古籍书店以所谓静电扫描的形式，制版印制过一部上海图书馆编《善本书影》。在说明其编纂缘起的《后记》里，这样写道：

> 为了实现敬爱的周总理生前关于编辑《全国古籍善本书总目》的指示，在国家文物事业管理局的领导下，编辑工作已迅速开展。通过实践，我们感到对于初次参加编目工作的同志，在版本著录方面，最好能提供实例，参证对

1978年上海古籍书店印制上海图书馆编《善本书影》

比，有所借鉴。为此，从我馆藏书中选出宋、元、明、清刻本和抄、校、稿本共三十种，略具简说，汇编书影，以应急需。承上海古籍书店大力支持，复印成书。

"以应急需"这四个字已经把当时的急迫情形表曝得一清二楚。当时正在编纂《全国古籍善本书总目》，这也就是后来正式出版的《中国古籍善本书目》。编纂的办法，是由各个公立图书馆自下而上逐级申报，可越往下越没人懂啥叫"古籍善本"。大家想想，直到今天中国很多图书馆的工作人员对此道还是两眼一抹黑，就很容易想象当时的情况。你说这事儿急不急，而且光是嘴说笔写还应不了这个急，得拿出个活生生的样子来让那些基层工作人员比着对着选书报书，于是就有了这么一本《善本书影》。

俗话说，心急吃不了热豆腐。因为赶得实在是太急了，所以印制的方法就极为简率。看一看下面这页元刻初印本胡三省注《资治通鉴》的图片，就会一目了然。

拿右边那件当今的彩色印本来对比一下左边这件当年《善本书影》的页面，可见其印制效果距古书原貌差距实在悬远。真是聊胜于无。我实在不敢说这样的书影对那些只是在图书馆里看守着古籍书库的管理员能不能起到什么"借鉴"的作用。

我这样想，主要的原因，倒不是这本书影印制质量的低下，而是它的编选形式和文字说明同上述著述宗旨并不吻合。

虽然从来也没有向老辈请教过，但上海图书馆编制的这本

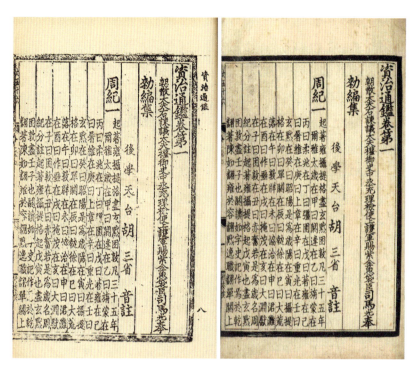

上海图书馆藏元刻初印本胡三省注《资治通鉴》
(左:据《善本书影》。右:据《第一批国家珍贵古籍名录图录》)

书影无疑应当出自顾廷龙先生之手。书衣上的签条，显然是由他亲笔书写。印制这本馆藏善本图录是为了给全国各地图书馆申报善本书籍提供指导，那么凭啥要由上海图书馆来做这种指导全国的工作？因为顾廷龙先生是《全国古籍善本书总目》事实上的总编，而他的工作单位是上海图书馆。这本书影的内容，除了顾廷龙先生，我也想不到当时在上海图书馆还有什么人写得出来（退一步讲，即使不是出自顾廷龙先生亲为，也必定须经其首肯方得印制发行）。

顾廷龙先生在中国古籍版本方面的造诣当然很高，是此道中人普遍敬重的学术权威，但我在这里所说的古籍版本造诣并不是基于现代学术意义的认识。放胆说句大不敬的话，我谈的顾廷龙先生这种高深造诣，实际上更多地是出自传统的古董家路数的评判。

顾廷龙先生如此，向上追溯到清代中期的黄丕烈一辈人物更不过如此，即按照清人洪亮吉的说法，究其实质，乃大略等同于掠贩家之流的"眼别真赝，心知古今，闽本蜀本，一不得欺，宋椠元椠，见而即识"（其实按照现代的学术眼光来看，这种评价也明显言过其实）。若谓黄丕烈其人较诸此等掠贩家尚别有优胜之处，那也只是"第求精本，独嗜宋刻……刻书之年月最所深悉"而已（洪亮吉《北江诗话》卷三）。可这只要有钱有闲很多人都是能做得到的，并非黄丕烈的眼光学识有多少过人之处。顾廷龙先生可以说是终其一生都在从事中国古籍版本的鉴藏工作，浸润其间日久，自有更深更广的见识，其学术成就和为中国古籍版本研究所做出的卓越贡献都是令我们后辈永远景仰的。

然而我们若是转换一个角度，以现代学术的眼光来审视顾廷龙先生做过的工作，就不能不为他感到惋惜。

尽管时间很紧，具体的工作任务十分急迫，可是，若是想通过这样的代表性版刻图录来对各个地方不明就里的古籍审辨申报人员予以有效的指导，那么，最好的办法莫过于在各个时期各种类型的版刻中选取最典型，也就因而最富有代表性的刻本，将其印制出来，以供参照对比。

遗憾的是，这本《善本书影》在这方面做得却不够理想。以宋刻本为例，在全书总共三十帧书影中，选有宋刻本五种，而仅以这五种书籍来体现有宋一代版刻的主要特征，确实具有很大难度。不过唯其如此，才对图录编纂者的眼光和水平提出很高的挑战。

若是在今天由我来做这样的工作，我会按照自己对黄永年先生古籍版本学体系的理解，首先在南宋的浙本和建本中各选一种；接着，在蜀本中先选取一种大字本，再选取一种十一行小字本；最后，再选取一种北方的金平水本。不过当时黄永年先生还没有以出书的形式来正式、公开地讲述自己的版本学见解，而除了他以外，学术界也没有其他什么人对宋代版刻体系做出系统的归纳。

顾廷龙先生选的这五种宋刻本及其排列顺序是：（1）福建建阳书坊刻本《新编方舆胜览》；（2）所谓开禧元年赵不谫浚

仪重刻本《金石录》;(3)浙江刻本《唐鉴》;(4)蜀刻大字本《元包经》;(5)浙江刻本《韵语阳秋》。

乍看起来,这样的安排好像也很周详,从南方,到北方,各地的版刻都列有代表性的书籍,可稍一仔细观察,则可以看到问题多多。下面我先从其中那两种浙江刻本,也就是所谓浙本说起。

一是在排列形式上应该有个章法,两部浙本应该前后靠着,紧挨在一起。在按照雕版地域排列宋本这一点上,赵万里先生先前出版的《中国版刻图录》已提供了一个良好的范例。把同一地域的两部版刻并列在一处,当然会更便于读者比较揣摩其版刻特征,这也更符合这本图录的编纂目的。这看似无关紧要的小事儿,却也体现出编选者对宋代版刻的地域性特征缺乏足够的重视。

二是这两种具体书籍的选择,并不十分理想。

对比一下黄永年先生的相关研究,我们可以看到,同样也是在1978年,同样是为《全国古籍善本书总目》的编纂而指导那些图书馆司库入门选书,黄永年先生在陕西省召开的业务人员培训会议上,用几天时间赶写出四万多字的《古籍版本及其鉴别》讲义,这在很大程度上也就是后来正式出版的《古籍版本学》中关于宋元版本的基本内容。当时黄永年先生即已清楚指出,宋浙本的基本版式特征是:白口,单鱼尾,左右双边。这是对绝大多数宋浙本的概括认识,同时黄永年先生也指出了个别一些书籍会有细黑口、双鱼尾和四周双边的情况。

若是按照这样的认识来选编书影，那么在两帧宋浙本当中，至少应当选用一种最能体现绝大多数宋浙本版式的刻本——白口，单鱼尾，左右双边。可我们在《善本书影》中看到的这两帧宋浙本书影（由于《善本书影》的图像效果过差，下面的插图直接取自上海古籍出版社影印本《唐鉴》和《韵语阳秋》），不管是范祖禹的《唐鉴》，还是葛立方的《韵语阳秋》，却都是顺行排列的双黑鱼尾，也就是所谓"顺鱼尾"，同时这两种书字迹的笔道也明显要比大多数浙本瘦削。显而易见，这两种书并不具备这部《善本书影》所迫切需要的典型性。

其实若是抛开这部书影所选用的页面不谈，直接去翻检原书，就会看到这个本子的《唐鉴》在版式上还有更为特殊的地方，即它的边框也同绝大多数宋浙本有很大区别——不仅有一些版面是四周双边，还有在各个时代所有刻本中都极为罕见的"上下双边"（上下两侧的边框为双边，左右两侧的边框仍是单边）的情况。

与其他地域系统的刻本相比，浙本系统的版刻数量最多，而总共就择取两部书籍编入图录，不能不说这种选法实在太缺乏代表性了。

另外，据近年编纂的《上海图书馆藏宋本图录》可知，该馆相关人员又把《韵语阳秋》定作江西地区的刻本。虽然江西也属于黄永年先生划定的浙本系统，但由于其地东邻福建，一部分刻书受到建阳书坊的强烈影响，总的来说，是颇有自己独

《善本书影》选录的《唐鉴》和《韵语阳秋》页面
（图像取自上海古籍出版社影印本）

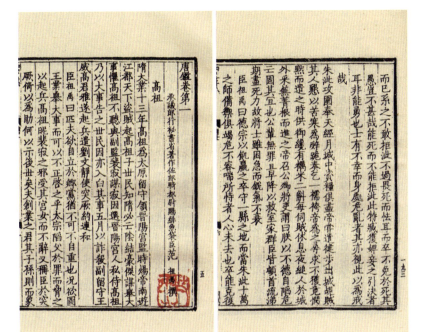

《唐鉴》中的四周双边版面（左）和上下双边版面（右）

特的版刻地域特征的。这样一来，选择此书列入这本《善本书影》，就更不妥当了（只是殊为令人费解的是，《上海图书馆藏宋本图录》的编纂者并没有告诉读者他们做出这一判断的依据是什么）。

在编纂这本《善本书影》的时候，顾廷龙先生对宋代版刻的地域性问题是有所思考的，但必须郑重指出的是，上述这两种浙本的选择即已清楚显示他对古代版刻的地域特征缺乏清晰的认识，而且顾廷龙先生对这一问题的思考实际上并没有具备科学的地域观念，即他并没有把书籍上梓的地点同这一地点所处的具体历史环境联系起来。这也就意味着他没有能够像黄永年先生那样清楚界定宋浙本、蜀本、建本和金平水本等版刻类型的地域范围。

上述五种宋本书影中的第二种，是所谓开禧元年赵不谫浚仪重刻本《金石录》。关于这个"浚仪"，同样供职于上海图书馆的当代另一位古籍版本大专家潘景郑先生，尝谓或指今安徽寿县，或指今安徽亳县（见潘氏《著砚楼读书记》之"校宋本金石录"条）。但这两个地方被称作"浚仪"，都是东晋南朝侨设的县，同宋朝的赵家人扯不上关系。

宋人所言"浚仪"，在通常情况下指的都是北宋京城所在的地方，即开封府的倚郭县之一浚仪县。观顾廷龙先生讲到这个"浚仪"时未加任何特别的说明，只是记云"宋开禧元年赵不谫浚仪重刻本"，或谓"宁宗开禧元年，赵不谫重刻于浚仪"，而且通观上下文可知他是将此"浚仪"同福建、浙江和蜀地这些著名的刻书地点并举，因而也不应该是指东晋南朝那两个生僻的侨县。

可顾廷龙先生若是对"浚仪"这地名的内涵稍加思索，他自己一定也会很不解——宋室渡江南迁，就把京城开封撇给了金人，这位赵不谫怎么会为刻本书竟潜伏到旧日的京城里去了呢？即使是当传奇看，这也还是太过神奇、太不可思议了。

实际上我们若是追寻这一说法的源头则可以看到，它是源自赵不谫重刻此书时题写的这么一段跋语：

> 赵德父所著《金石录》，锓板于龙舒郡斋久矣，尚多脱误。兹幸假守，获睹其所亲抄于邦人张怀祖知县。既得郡文学山阴王君玉是正，且惜夫易安之跋不附焉，因刻以殿之，用慰德父之望，亦以遂易安之志云。开禧改元上巳日，浚仪赵不谫师厚父。

所谓"浚仪赵不谫"云云，不过是标称其籍贯浚仪而已，这本是当时人惯常的用法。譬如南宋末著名学者王应麟，本来家居明州鄞县，也就是现在的宁波，可他在著述上题署的名称，都是写作"浚仪王应麟伯厚甫"，就是因为王家祖上本是居住在浚仪县里。这哪里有一丝一毫在浚仪雕版印书的意思？

在宋人王明清所著《挥麈录》的篇末，留有一段这位赵公的跋文，署云"庆元庚申秋七月既望，昭武假守浚仪赵不谫师厚父"，这里的"昭武"乃是"邵武"之异名，盖即宋邵武军。

因邵武其地本名昭武，晋武帝司马炎避乃父司马昭名讳才改写成这个样子（宋欧阳忞《舆地广记》卷三四。宋叶廷珪《海录碎事》卷四《地部》下。清钱大昕《十驾斋养新录》卷一一"避讳改郡县名"条），而宋人叙事述及地名时喜用古称，故以"昭武"指称"邵武"。弘治《八闽通志》卷三五《秩官》载赵不谫于庆元间任职于邵武军，其于《挥麈录》篇末所署"庚申"乃庆元六年（1200），翌年宁宗改元嘉泰，又四年复改元开禧。因知庆元开禧年间正是赵不谫连任邵武军知军的时候（所谓"假守"是宋人对知府、知州、知军之类官职的代称）。邵武地处闽北，其东毗邻书坊林立的建阳，而且当地的雕版印刷业也颇具规模，赵氏于此重刻《金石录》，在雕版印刷方面自有地利之便。明此愈可知赵不谫重刻《金石录》，其事与赵宋旧京所在的浚仪根本没有任何关系，顾廷龙先生在《善本书影》中列出这个刻本，在版刻地域上是没有任何代表性的（南宋福建官刻本的版刻特征，总的来说是介于浙本与建阳坊刻本之间，而上海图书馆收藏的这部《金石录》实际上就是国家图书馆收藏的龙舒郡斋初刻本，只不过是个后印的残本并被妄人动过一些手脚而已）。

我们若是再回过头来看一看前面谈到的那一幅元刻初印本胡注《通鉴》的书影，与之对应的说明文字，先是标记其版刻属性为"元至元兴文署刻本"，继之复有具体解说云：

元兴文署成立于至元二十七年，刊刻诸经子史，以

名錄留心內典作補定水陸章句洞曉天文作新
乾曜真形圖此皆平昔幸得以窺一斑者不寧惟
是其發為禪官小說尤不碌碌仲言者投轄錄清
林詩話王照新志揮麈錄昆季之所作類皆出人
意表且學士大夫之所欲知者益信夫父子之博
洽雖名卿鉅公無不欽服敬慕蓋有自來逐初无
丈一時之鴻儒比淹貫古今罕見其比一日詢仲
言以天臨殿與南唐中主畫像仲言詳陳本末無
一不符遂初驚愕歎仰以為世不多得至形諸公
送行泰伦詩疑欲告于上牧實史館不果仲言又
嘗剴切上封事因不自揆以拙句殿諸公後有
云信史餘青簡封章窒皂囊者以此揮麈所錄无
仲言平日之用功深者三復以觀非志不分力不
妄加之歡然不蕳者朝夕于懷未易得此也不可
以無傳也前錄先已刊行後錄餘話不蕳備數昭武
日仲言移書委顓浅見寡聞亦欲以其素所未
知者期天下之共知其以喜而承命因疣龍山張
君得以繼之若夫博洽如仲言父子者則勿以見
諸可也慶元庚申秋七月既望昭武楸守俊儀趙
不軄師厚父
揮麈餘話卷之二終

《通鉴》开端，版片至明代尚存。明正德、嘉靖间移入南京国子监，递经修补。此乃初印之本，通体无补版，殊属罕见。

关于这个所谓元兴文署本胡注《通鉴》的实际情况，这里讲的可以说满篇皆误。对此，我另有专文《兴文署本胡注〈通鉴〉的真相及其他》，做了很详细的阐述（刊《中国文化》2020年春季号），这里不再赘言。

不过关于这个所谓元兴文署本，王国维先生很早就做过专门的辨析，说见《元刊本资治通鉴音注跋》一文（载王国维《观堂集林》卷二一）。王国维先生的说法虽然还不够完善，还有一些似是而非的地方，但在否定此本为元兴文署本这一点上，却堪称定论。王国维先生专门考辨传世基本文献版本的文章本来就不是很多，《元刊本资治通鉴音注跋》在这些文章中又占有非常重要的地位，因为它的学术价值不仅在于辨明一个具体著述的具体版本，还关系到如何正确认识元朝初年的朝廷刻书和北方地区雕版印刷事业的问题，同时还牵涉到当时北方黄河流域特别是今北京地区刻书的版刻特征等问题，诚可谓兹事体大。

若再考虑到这本《善本书影》对全国各地相关人员的指导意义，其选入元刻胡注本《通鉴》并做出这样的解说，所产生的消极影响也就更为深重了。试看这一元刻胡注《通鉴》圆劲的颜体字，本是元代建阳书坊的标志性字体，若是将其定作元大都也就是今天北京城里的兴文署刻本，那会对各个图书馆审辨乃至向上申报字体相似的刻本产生什么影响？

基于这样一些情况，作为专门研究古籍版本的著名专家，顾廷龙先生竟然忽略了王国维先生的见解，其间的缘由是很耐人寻味的。在我看来，这主要牵涉到如下两个方面的问题。

一是以顾廷龙先生为代表的那一批专门从事古籍版本工作的学者，在很大程度上是颇为缺乏现代学术眼光的。

我在这里所说的古籍版本研究中的现代学术眼光，其发展脉络，是从王国维先生开始，他的学生赵万里将其继承。他们开始把中国古代版刻作为一项历史文化要素来加以研究，其特点一是关注古代版刻的整体性特征，二是关注构成古代版刻各个部分的内在联系。赵万里先生在上世纪六十年代初编著出版的《中国版刻图录》，本来已经为全面揭示这两方面的基本状况奠定了一个良好的基础。后来的研究者若是能够充分重视这一基础，就能够在此基础上进一步关注各个具体刻书地点背后的区域性背景，并归纳总结出特定区域的版刻地理特征。

其实我们稍加思索就会明白，像《善本书影》这样对于审辨具体古籍具有原则性指导意义的版刻图录，最好的编选办法，就是能够在这种区域共性的基础上，选择最能反映其共同特点的刻本。我们看到的实际情况，正是由于没有能够清楚认识到古代版刻的这种区域特性，顾廷龙先生才没有能够择取更有代表性的书籍编入这本《善本书影》。

二是放开眼界，客观审视中国古籍版本研究的历史。我们应该看到，顾廷龙先生的个人身份同王国维、赵万里两位先生是有重大差别的，即顾廷龙先生终其一生都是在图书馆里从事古籍管理和研究工作，可以说除此之外并没有做过其他的文史研究。

这样的学术经历，使得顾廷龙先生有充分的精力专注于古籍版本目录的研究，这在很多人看来，对他的古籍版本研究而言是一项优势。事实上这也确实保障他能够浸润其中，摩挲揣摩，为中国古籍版本研究做出了诸多重大贡献。

但天底下不管什么事儿，都是有长就必有其短。由于人类历史活动的复杂性，我们研究远去的历史问题，在剖析某一特别事项的时候，往往会牵涉到许许多多相关的知识，而这些知识，既无法清楚测知，更无从特地准备，只能在日常的读书治学过程中，尽量拓宽视野，滋长情趣，各种知识就会自然而然地不断增多，并逐渐融会贯通。

这样，在遇到问题时，就能够随心所欲，需要什么知识就拿得出什么知识，就用得上什么知识。那些富有成就的前辈学者，不管其最主要的贡献是集中在哪一个学术领域，却几乎无不涉猎广泛，没有什么人是仅仅关注某一狭小的具体学科；要想解决那些重大疑难问题，尤其需要具备丰富的学识。

在这一点上，研究古籍版本问题也不例外。过去我研究明代所谓"铜活字本"问题，彻底否定了这一说法。在我之前，持类似观点的学者，有南京图书馆的古籍版本专家潘天祯先生，而他之所以能够提出与其他图书馆系统内专家不同的看法，我认为同其学术训练的基础具有直接关系。同大多数在图书馆里从事古籍版本研究的学者不同，潘天祯先生的出身，是跟随贺昌群先生研治秦汉史，这样就具备了从事一般文史研究的体会和经验，不再局促于古籍版本这一隅之地。

总括起来，我想说的意思是，古籍鉴藏工作的狭隘性和独特传承往往会使得局促于这一圈子之内的学者同文史研究的其他领域产生严重的隔膜，而单纯盯着版本论版本，是与历史文献本身的复杂性相抵触的，从而很难发现古籍版本存在的问题；同时，这也使得很多古籍版本专家难以具备历史研究所需要的通贯性知识，导致其无法解决那些稍显复杂的版本问题。我想，前面我谈到的那些《善本书影》的疏失，就很好地体现了这样的事实。若是对比一下黄永年先生几乎与此同时讲述的对古籍版本的系统性认识，大家或许能够更好地理解我的这些看法。

上面我通过上海图书馆编印《善本书影》这个事例，说明了编制善本图录的困难及其原因。当然，虽说都是称作"书影"或者名之曰"图录"，实际上也是各有各的宗旨；哪怕并没有什么宗旨可言，那也是各有各的编法，不宜一概而论。

像上海图书馆这本《善本书影》，通过寥寥三十种书影来反映宋、元、明、清时期的刻本和抄、校、稿本，诚可谓选精拔萃，其难度之高，对编选者眼界和学识的考验确实有些太大（这有些像清朝乾嘉学者普遍看不起的编印名篇佳什的"选家"，其实要想编选得当又谈何容易，这是和考据之学不同的另一番道理），因而很多人或许以为像《国家图书馆宋元善本图录》这样，只要是宋元刻本就无一遗漏地印出来，反正是棵菜就捡起来往篮子里放，这应该不管谁做都一样了吧？实际情况，却并不那么简单。实质性的认识基础若是没有改善，旧有的弊病也就难以清除。

在我看来，这部《国家图书馆宋元善本图录》所存在的严重弊病，并不是个别书籍所著录的内容或是书影的选择不尽妥当的问题。做这么一大套书，涵盖范围这么广，不管是由谁来做，不管是多么认真地做，都会留下一些瑕疵，这也是谁都可以理解的。但这部《图录》不仅具体内容出现了一些本不应该发生的疏误（甚至可以说是荒唐的错谬），更在整个编纂体例上有着诸多缺陷——主要是《图录》所著录的事项，在版刻时代、版式特征和图像说明这几个方面都存在严重疏漏。

在版刻时代方面，对那些缺乏具体刊刻年代的书籍，《图录》乃仅著录其为宋刻或是元刻。这样的做法，本来没有什么问题。但像第0755号藏品傅增湘旧藏文中子《中说》，又如第0500号藏品明晋藩旧藏《资治通鉴》残本，等等，这样一些书籍都曾被定作北宋时期的刻本，即使《图录》编纂者不肯认同此等旧说，我想最好也还是能够注明前人有过的正反两方面看法，以供阅览者参考。

北宋刻本，除佛经之外，存世极鲜，大多都在日本，留存于国内的北宋所刊四部书籍尤其罕见，因而对像上述《中说》和《通鉴》这样的书籍理应慎重对待。这是因为准确判别其究竟是属于北宋还是南宋，并不十分容易；至少其中有一部分书

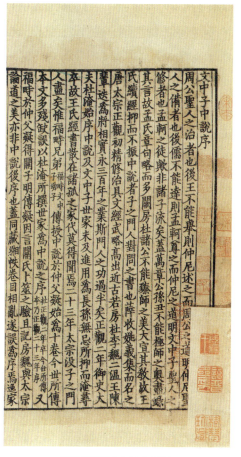

傅增湘旧藏文中子《中说》
（据《国家图书馆宋元善本图录》）

籍，究竟是北宋刻本还是南宋刻本，在我看来，现在还真不好说。窃以为即使《图录》编纂者对自己的认识足够自信，那也应该多给读者留下一些思索的空间。这样做，终归是有益无害的。

在这里需要说明一下，这部《图录》对待赵家的产品，并非南北不分，稀里糊涂地随便贴上个"宋"字标签就得。譬如，其第1503号藏品周叔弢旧藏《文选》和第1299号藏品傅增湘旧藏《范文正公文集》，就都被清清楚楚地著录为北宋刻本。既然如此，按照正常的逻辑，《图录》中那些徒称"宋刻"的书籍就只能是指南宋刻本。不然的话，书前的《凡例》里又不做说明，那让我们这些读者对这一个"宋"字还能怎么猜想呢？

刻工姓名以及与之密切相关的每个版面的字数注记，是宋元版刻的一项重要版式特征，其或有或无，直接关系到版刻的属性，即一部书是属于官刻、家刻抑或坊刻。这一点，大家读过黄永年先生的《古籍版本学》，就会有清楚的了解。过去一些内容比较全面的中国古籍版刻图录，不拘中外，都会清楚注明这一内容。例如日本的《新修恭仁山庄善本书影》《神田鬯盦博士寄赠图书善本书影》，中国书店吴希贤先生编著的《历代珍稀版本经眼图录》，等等，都是这样。特别是如上所述，黄永年先生的研究已经非常充分地揭示了刻工姓名所昭示的历史内涵，在这种情况下，这部《国家图书馆宋元善本图录》竟然能对刻工姓名和版面字数的有无略无标注（由于原书版心破损和照相制版未能清楚摄取相关位置等原因，有时在《图录》的图像上无法清楚判断某部书籍是否镌记刻工姓名等内容；有

傅增湘旧藏《范文正公文集》
（据《国家图书馆宋元善本图录》）

的书籍还不是在每一个版面上都有刻工姓名和版面字数，只是镌记于个别一些版面。所以我列举的那些好的古籍图录，才会在书影的画面之外再做出文字的说明），这无疑大大降低了这部《图录》的使用价值，实在是一项重大疏失。

宋元古本上镌记的刻工姓名意味着什么？它并不是工匠淘气而留下的"到此一游"式的标注，而是一种责任制的体现，是官府雇用工匠作器时"物勒工名，以考其诚"的传统规矩。《礼记》记载，依据这个姓名去追查，就可以做到一旦"工有不当，必行其罪，以穷其情"（《礼记·月令》）。反过来，若是没有这样的标记，就像眼前这部《国家图书馆宋元善本图录》，一大伙人，七手八脚地来干活儿，可具体哪一部书是由谁来选择书影、谁来撰写说明的文字，竟完全没有标注，从头到尾都是一笔糊涂账，读者也就无从追究应该由谁来对每一种书所著录的内容负责。

回顾一下在黄永年先生之前的研究历史，就可以很清楚地看到，当年赵万里编著《中国版刻图录》就没有逐一著录刻工姓名的有无，只是在需要利用工匠的名字来推断书籍的版刻年代时才会提及这些注记。所以，《国家图书馆宋元善本图录》缺而不载这项内容，也可以说是在沿用其自家的一种习惯做法，而丝毫没有留意版本学研究的重大进展并借鉴国内外一些成功的做法。

在图像说明方面，一部真心想让读者看并且也确实合用的图录，理应对每一帧图像做出相应的文字说明。假若所印图像属于同一种类，性质完全相同，当然可以在前面做一总的解说。可若是选取两幅以上的图像，而这些图像又可能具有（或并不具有）不同的性质，包括后来不同时代的补版、抄配和后人钤盖的注记等，并且编纂者在《凡例》里还特意说了是想要"酌情反映书中抄配补版"情形，这样也就必须对读者做出清楚的交代。可像现在这样，在《图录》的每一帧书影下面竟都不著一字，编纂者到底想让读者怎么琢磨着看呢？

若是以现代学术眼光来看待版刻史研究，宋元刻本中这些不同年代的补版，正是体现雕版印刷技术发展变化的重要资料，理当予以清楚的体现。可如上所述，令人百思不解的是，《图录》当中对此竟然没有一个字的说明。那么究竟哪一个版面是原版，哪一个版面是补版，难道确实是想让读者做猜猜看的游戏不成！

在大的编纂体例上出现这么严重的差错，若是从学术角度追究其原因，就只能回到我在分析顾廷龙先生所编《善本书影》时谈到的缺乏现代学术眼光和通贯学识这两点上来。《国家图书馆宋元善本图录》在著录和说明宋元版刻时文字如此吝啬，如此模糊不清，可在介绍藏家印章时却是津津乐道，一尽其详，殊不知这些藏家印章同版刻本身并没有任何内在的关联，对古籍版本实质内容的研究几乎毫无价值。《图录》的编纂者舍彼取此，究其实质，不过传统藏书家的古董路数而已（不是不该著录这些内容，但两相权衡，孰轻孰重，用什么标准来把握，就是一个学术眼光高低的问题）。当年顾廷龙先生编选《善本书影》，未能充分注重版刻的代表性而特别关注古籍的稀有性，实质上也同样是一种古董家路数。像我提到的这几点问题，若是具备了相应的现代学术眼光和比较通贯的学识，本来都是完全可以避免的。看起来要想编出一部好书影，并不是库里有好书就能行。

最后，再举述一个形象的事项，好让大家更好地理解我的这些想法——在这部《国家图书馆宋元善本图录》中，还有一个几乎同《善本书影》中的"浚仪赵不谫"一模一样的谬误，即编纂者误把刻书人的籍贯当作了书籍上梓的地点。不过来日方长，这样具体的事例，还是等我闲暇时再慢慢一个一个地讲。

2020 年 5 月 14 日晚记

【附记】本文在敝人微信公众号上公布后，蒙友人复旦大学历史地理研究中心孟刚先生告知，上海图书馆编制的《善本书影》，并非顾廷龙先生直接编纂，而是在顾廷龙先生的"提议、指导下"编辑而成，具体的文字说明，"为潘景郑、沈津所写，书名为（顾廷龙）先生拟定，书签亦为先生所书"。说见上海古籍出版社出版的沈津编著《顾廷龙年谱》。不过由此具体纂录过程可以推知，其选书宗旨、纂录体例必由顾廷龙先生确定，说明文字仅区区 5 页，全书也不过 30 多页，所有的内容也必经顾廷龙先生审定而付印，所以体现的仍是顾廷龙先生的学术思想。

再谈所谓『蜀大字本《史记》』

我写《由所谓"蜀大字本〈史记〉"谈到中国版刻史研究》这篇文稿，指出《国家图书馆宋元善本图录》著录的"宋绍兴淮南路转运司刻宋元明初递修本"《史记》，其中补配有"宋蜀刻大字本、元大德九路本、明抄本、清抄本"，而《图录》编纂者在绍兴淮南路转运司刻本之外却莫名其妙地配入了两页不知什么刻本的书影，并没有展示书中补配的"宋蜀刻大字本"页面，从而令读者无法窥知所谓"宋蜀刻大字本"的面目。在我看来，这不仅是一项匪夷所思的工作疏失，也给相关研究工作造成了很大缺憾。

我这话，是从科学地对待和研究古籍版本这一角度讲出来的。

在《由所谓"蜀大字本〈史记〉"谈到中国版刻史研究》一文中我已经谈到，直到莫友芝、杨守敬、傅增湘那一时代，古籍鉴赏家和研究者对南宋时期浙本、蜀本、建本这三大版刻地域的认识还是相当含混的。在那一时代，即使是像他们这些顶尖的高手，对这三大版刻地域所涵盖的范围和每一种版刻类型的基本特征，还都缺乏清楚的理解和把握。当然在这种情况下就更不可能对这三大地域的版刻特征做出全面而又准确的表述。

接下来，在《怎样编一部好书影》这篇文章中，我又谈到，黄永年先生在1978年写出的《古籍版本及其鉴别》这篇讲稿（也就是《古籍版本学》的前身和最核心的内容），才清楚揭示出南宋三大版刻地域各自的基本属性。这是中国古代版刻研究史上的一项重大突破。

黄永年先生对南宋版刻地域特征的认识和把握，首先着眼于刻书字体。简单地说，就是浙本的欧体字、蜀本的颜柳混合体字和建本的颜体字。当然实际的情况，有时会很复杂，并不是所有的书籍，都可以简单地仅凭此一项特征就能对其地域属性做出确切的判断，而所谓欧体或颜体等，也只是取其字形近似所做的概括表述，并不是说这些刻本的字形都刻得同欧、颜诸公的名碑法帖一样。

正是由于实际版刻中有些书籍的字体、版式同黄永年先生概括的基本形态有所不同，我才希望像《国家图书馆宋元善本图录》这样的大型古本书影汇刊，能够给读者提供更加全面的资料，以帮助人们更加全面地认识古代版刻的实际情况。这样才能更好地把握其前后发展脉络和不同版刻地域之间的联系与影响。

通过《由所谓"蜀大字本〈史记〉"谈到中国版刻史研究》这篇文稿，大家已经看到，直到莫友芝、杨守敬、傅增湘那一代学人，他们对所谓"蜀大字本《史记》"的认识还是完全错误的。从古籍版本学角度来看，致使那一辈人产生错误认识的根本原因，是他们对究竟什么样的书籍才可以说是"蜀大字本"这一点，还没有正确的认识；可以形象地说，在他们心目当中，所谓"蜀大字本"，只有字大这一特征。

在把国图收藏的这部清人吴云旧藏的《史记》从"蜀大字本"之列排除出去，使其恢复"绍兴淮南路转运司刻本"的固有面目之后，关心古籍版本问题的学人，自然都很想看到这部书中补配的那部分被视作真正"蜀大字本"的卷册，看看它到底长的是什么模样；至少我本人，是十分期望能够看到它的相貌的。

心存这样的愿望，不只是因为想要更全面地了解《史记》的版本，我更关心的是蜀大字本的版刻形态问题。这是因为在南宋三大版刻地域当中，蜀本存世量最少，从而也就需要尽可能更多地看到这十分有限的存世版本，每一种书都不容放过，这样才能较为全面地了解其总体状况。

虽然通过上世纪五十年代出版的《史记研究的资料和论文索引》，我们可以看到下页这样一帧《循吏列传》首页的书影。同现在彩印的《国家图书馆宋元善本图录》相比，其图像效果毕竟差很多，而且我对所有这个版本的补本其版刻状况是否都完全相同也还有些疑虑。《国家图书馆宋元善本图录》若是能够选入这部分补配的版面并多印上几幅有代表性的页面，自然会给相关研究提供更好的帮助。

须知补配到的这部绍兴淮南路转运司刻本当中的这部分残卷，是这部所谓"蜀大字本"《史记》留存于世间的唯一实物。这对想要把"国家图书馆所藏宋元版古籍逐一著录并配以书影"的《国家图书馆宋元善本图录》（说见该《图录》卷首《凡例》）来说，岂不是无论如何都必须予以体现的吗？与这部分补配的内容相比，作为其主体部分的"绍兴淮南路转运司刻本"，由于在《中国版刻图录》里早就印出了清晰的书影，在

循吏列傳第五十九　　史記一百一十九

太史公曰法令所以導民也刑罰所以禁
姦也文武不備良民懼然身修者官未嘗
亂也奉職循理亦可以為治何必威嚴哉
孫叔敖者楚之處士也虞丘相進之於楚
莊王以自代也三月為楚相施教導民上
下和合世俗盛美政緩禁止吏無姦邪盜
賊不起秋冬則勸民山採春夏以水
[徐廣曰乘多水]
[時而出各得其所便民皆樂其生莊王以為]
[幣輕]

所謂宋蜀刻大字單附《集解》本《史記》
（據水澤利忠《史記會注考證校補》轉錄本）

这次出版的《图录》中收与不收,反倒是无关紧要的了。

在宋代版刻的三大地域系统之中,蜀本同浙本和建本有一个重大区别,这就是其刻书中心,在北宋和南宋时期,有过重大变化,即由北宋时期的成都,迁移到南宋时期的眉山。由于其刻本存世本来就很少,从北宋到南宋又发生了这样大的变化,因而在深入研究其版刻形态演变的历史时,尤其需要多掌握一些版刻的资料。

尽管我认为补配在这部绍兴淮南路转运司刻本《史记》当中的"大字本"太史公书属于蜀刻应该没有什么问题,但它的蜀刻本字体特征却不够典型。所谓典型蜀刻本字体,就是像《中国版刻图录》里载录的《春秋经传集解》《礼记》和《淮海先生闲居集》等书那样。业师黄永年先生将其概括表述为在颜体字的基本结构中渗入一些柳体的成分,撇捺都长而尖利(说见黄永年先生《古籍版本学》)。

与其相比,这种所谓"蜀大字本"《史记》的字体,颜柳混合的特征并不那么明显,捺笔也不那么尖利,而是略显收敛。然而这种非典型性,或者说是较诸典型版本所呈现的某种变化,正是深入研究蜀刻本版刻形态时需要着重关注的问题,因而也就有必要通过书影的形式更加清楚、全面地展示其版刻状况,以供研究者揣摩对比。

在这里,让我们先回顾一下学者们研治古籍版本学的历史,以更加清楚地认识这一问题。

我一再讲过,王国维先生是科学研究古籍版本的第一人,

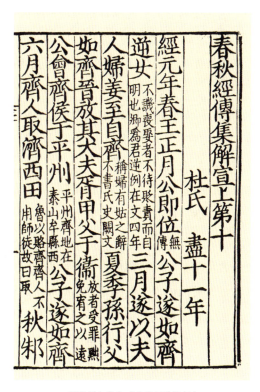

宋蜀刻大字本《春秋经传集解》
（据《中国版刻图录》）

具有现代学科意义的古籍版本学,是由王国维先生开创的,或者说是由王国维先生奠基的。不过王国维先生并没有全面建立起这一学科,他对版刻史上一些非常重要的基础问题还缺乏清楚的认识,譬如对宋蜀刻本版刻特征的认识,就存在严重偏差。

例如,王国维先生主要依据其行款字数与五代以来的国子监本相同(案王氏主要依据的是日本室町氏翻刻南宋监本《尔雅》),便断然否定宋刻8行16字本《周礼》《礼记》和《孟子》等书为"蜀大字本"(王国维《观堂集林》卷二一《覆五代刊本尔雅跋》)。然而对我们现在这一代学人来说,若是对版刻字体稍加留意,就会看到,这些"蜀大字本"的字体,确实风格独特,自成一体,同五代以至两宋的国子监本是有重大差距的。

怎样更加合理地认识这一问题,其关键点在于,同行款相比,刻书字体显然更能体现上梓的地点和时间。展现在我们面前的学术史演变的真实情况是,在对宋元古本版刻特征的认识上,王国维先生并没有能够清楚、准确地认识到这一点。他对宋"蜀大字本"的认识是这样,误把具有典型元建本字体特征的《古杭新刊的本关大王单刀会》等书认作杭州刻本并被其弟子赵万里先生所继承(王国维《两浙古刊本考》卷上。赵万里说见《中国版刻图录》),也是这样。

对于宋蜀刻本这种独特的字体形态,晚近时期一个复刻蜀本的事例,可以为我们提供具体的体验。

这就是大藏书家刘世珩在光绪时期从萧穆手中购入毛晋汲

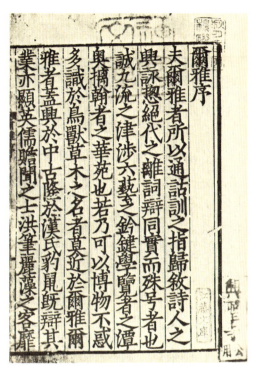

日本室町氏翻刻南宋监本《尔雅》
（据日本古典研究会影印本）

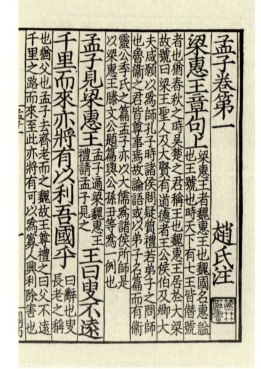

宋蜀刻大字本《孟子》
（据《师顾堂丛书》影印本）

古阁旧藏"蜀大字本"《孔子家语》之后，很快将其依照原式，影刻印行，成为其《玉海堂景宋丛书》之一。遗憾的是，此本印行未久，其宋刻原书即遭毁失。

由于这个复刻本上版镌字是由武昌名刻工陶子麟操刀，工艺精善，印本颇受世人推重，可当时另一大藏书家伦明却"终疑是明翻宋本，非果宋本也"（伦明《辛亥以来藏书纪事诗》）。这话是什么意思？是说陶子麟雕镌的新本，不像出自宋本而更像是出自明人仿宋刻本。我理解，这个号称"景宋"（影宋）的重刻本的字体，已经丧失了原书的"蜀大字本"韵味。

稍微了解一些中国版刻史的人都明白，传统的雕版技术在正嘉间出现了一种新变化，即产生了所谓的"嘉靖本"。其刻书字体，从表面上看，似乎是取法于宋浙本的欧体字，版式也是仿照宋浙本，而在这类刻本中，有相当一部分是根据宋版重刻，所以有"明翻宋本"之说。不过这一时期所谓"嘉靖本"写样刻字的方法，已经由刻工的刀将就写手的笔倒转过来，改由写手特地把上版的字写成一种更适宜于刻刀运作的雕版印刷专用字体。这种字体，实质上已经从一般的书写用字中完全分离出来，独具一格。所以，所谓"嘉靖本"的字形同宋浙本是形似而神不似。

刘世珩仿刻的这部"蜀大字本"《孔子家语》，版框高23厘米以上，宽过18厘米。目前所见"蜀大字本"大致都是这样的规格，往往比它还会稍小一点儿。因而可知刘氏完全是依照原本的尺寸开雕。尺寸大小一模一样，版式行款也完全相

刘世珩《玉海堂景宋丛书》复刻宋蜀大字本《孔子家语》

同，那么，伦明为什么不把它的底本看作宋本而却视作"明翻宋本"呢？其着眼之处，只能是字体的间架结构和笔画态势不类宋朝原本而同嘉靖本颇有雷同之处。

这一事例很形象地告诉我们，古籍版刻特征最为微妙也最具有决定性意义的地方，往往就是刻书字体笔道划痕的细小差异，就差在那么一点点笔画的感觉。不过人们对这一点的认识，是一步步逐渐走向深入的，不仅仅是某一位学者个人认知能力和水平的问题。当年被王国维先生排除于蜀本之外的宋刻8行16字本《周礼》《礼记》和《孟子》，就都被他的弟子赵万里先生重新归诸蜀本，并且称之为"蜀本之最精者"（见《中国版刻图录》卷首《目录》之"春秋经传集解"条）。

明确这一情况之后，大家也就更容易理解，要想做好这方面的研究，首先需要充分展示基本的材料，让研究者能够时时观看揣摩，这样才能体悟各种版本之间的微妙异同。我反复强调《国家图书馆宋元善本图录》未能展示淮南路转运司刻本《史记》中补配的所谓"宋蜀刻大字本"是一项严重的缺陷，其版本学研究上的意义即在于此。

尽管王国维当年未能从字体形态上准确把握宋蜀刻本的基本特征，但他在论述《周礼》《礼记》和《孟子》等"蜀大字本"经书的版刻源流时，将其与五代以来的国子监刻书紧密联系在一起，并将其行款形制上溯到"唐时卷子旧式"（王国维《五代两宋监本考》卷上、卷中，又王国维《观堂集林》卷二一《覆五代刊本尔雅跋》），则是高屋建瓴，点出了蜀大字刻本上承的渊源。其后赵万里先生又进一步推测，这些经书很可能是岳珂《九经三传沿革例》里面著录的"蜀学大字本"（见《中国版刻图录》卷首《目录》之"春秋经传集解"和"礼记注"条），把源自唐五代的这种版刻形式同宋朝的具体刻书部门、地点联系到一起。

在此基础上，我们翻检《九经三传沿革例》，可知赵万里先生所说的"蜀学大字本"，本来是被岳珂记为"蜀学重刻大字本"，而这是相对于列在它前面的"蜀大字旧本"而言。这新旧两套蜀地刊刻的大字本经书，向我们提示：国家图书馆收藏的这个"蜀大字本《史记》"残本，其字体特征同典型蜀刻本所存在的差距，可能正意味着它们分别属于前后两个不同的时代，而这正是我们在探讨古代版刻时空演变进程时所要着力关注的问题。

若是再来参照一下所谓"龙爪本"《资治通鉴》的情况，或许更容易让我们理解国家图书馆这部"蜀大字本《史记》"残本的版本学价值。

所谓"龙爪本"《资治通鉴》，据云是在北宋时期由广都费氏进修堂刊行的。这个本子，清人陆心源曾藏有一部残帙，陆氏核其讳字，见"朗、匡、胤、殷、贞、敬、曙、征、恒、佶皆缺避，桓字不缺"，故以为"盖徽宗时刊本也"（清陆心源《仪顾堂题跋》卷三《北宋蜀费氏进修堂大字本通鉴跋》）。然而傅增湘在民国时期获睹其书，以为当时所见多种残本，"均非蜀刻，亦非一刻，实为宋季及元初各地之复刻蜀本也"（傅增湘《藏园群书题记》卷二《百衲宋本资治通鉴书后》）。今案陆氏皕宋楼旧藏现存日本静嘉堂文库，该处核查其讳字实含桓、构、慎、敦、郭诸字，乃南宋时鄂州孟太师府鹄山书院翻刻费本（静嘉堂文库编《静嘉堂文库宋元版图录》之《解题篇》），详细审看各本的避讳情况，应该是确切判断其版刻年代的重要途径。由于傅氏对这些所谓"龙爪本"只述断语而未能交代具体依据，我仅看相关书影，还是不敢轻易信以为实。

《国家图书馆宋元善本图录》选印有《通鉴》这个刻本的几种残卷，其中有两种同属明晋藩旧藏，而其字体形态却有明显差别：第0500号藏品是典型的宋蜀刻大字本字体，字脚笔锋，确有几分龙爪伸张的形状，而第0504号同一行款藏品的字体则与之有明显差别，乃同所谓"蜀大字本《史记》"颇有近似之处。

这一情况，不禁引发我进一步思考：这两种字体，是原刻和翻刻的关系，还是原版同补版的关系？到底哪一种在前，哪一种居后？所谓"蜀大字本《史记》"的残卷是否都像我们仅见的那一页《循吏列传》首页一样？这种"蜀大字本《史记》"究竟是原刻还是翻版，是原版印本还是出自补修的新版？

对比"龙爪本《通鉴》"与"蜀大字本《史记》"，我们还要知道，这个费公所在的广都，与成都密迩相邻，若是按照元人胡三省的说法，费氏进修堂乃是"蜀中鬻书之家"（胡三省注《资治通鉴》附《通鉴释文辩误》卷末胡氏跋文），也就是一处书坊。这样，参互对比存世"龙爪本《通鉴》"和"蜀大

明晋藩旧藏所谓龙爪本《资治通鉴》

（据《国家图书馆宋元善本图录》。左：第 0500 号藏品，右：第 0504 号藏品）

字本《史记》"的残本，一定会让我们对两宋之际四川地区的刻书，特别是对成都附近书坊的刻书获得更多的认识（尽管所谓"龙爪本《通鉴》"是否属于书坊刻本还有待进一步论证）。联系前文所述王国维先生对《周礼》《礼记》和《孟子》等"蜀大字本"经书版刻渊源的认识，这样的研究就会具有更为深远的意义。

若是这么看，《国家图书馆宋元善本图录》选印还是不选印"蜀大字本《史记》"，以及是不是能够选印最适宜的页面，就不是一个微不足道的小问题了。尽管由于相关版刻资料未能公布，弄不明白的地方还有很多，可弄不明白的地方越多，我们就越需要研究。

2020 年 5 月 18 日记

# 变戏法的帽子赶着戴
## ——还是谈谈《史记》的版本

随意翻看《国家图书馆宋元善本图录》，已经顺手写下两篇关于此书纂录失宜的文稿，即《由所谓"蜀大字本〈史记〉"谈到中国版刻史研究》和《再谈所谓"蜀大字本〈史记〉"》。也许有些人读过拙稿后会说，这事儿实在有点儿绕，再说连莫友芝、杨守敬这样的版本大家都把这"蜀大字本《史记》"问题弄得一塌糊涂，当代普通学人，就是出点儿差错，也是可以理解的，甚至是很正常的。

是的。是人，做事儿就总会出错；做专业的学术性工作，出现一些差错更不可避免。有些错误不仅可以理解，还理应予以谅解，另外还有一些错误却是不可原谅的。前面我指出过的所谓"蜀大字本《史记》"问题，实质上就是这样。到今天，学术已经进步很多，不能再拿莫友芝、杨守敬说事儿。不过大家要是觉得这样的问题还没有荒唐到离谱的程度，那么就请再来看看下面这个关于《史记》版本的问题。

为了让不太了解《史记》文献学知识的读者能够更加顺畅地理解我说的是一个什么性质的问题，请容我慢慢从一些最基本的常识讲起。

《史记》是司马迁写的，只要知道这本书的书名，也就一定都知道这个。这是因为教育部颁定的义务教育历史课本里就提到了它，不知道《史记》是谁写的根本就毕不了业。不过附带说一句，我看到的人民教育出版社2016年版历史教科书，其中的《史记》书影，选得实在不够好（书中其他各种书影基本上也没有选用合适的版本，完全没有把古书看作一种引导学

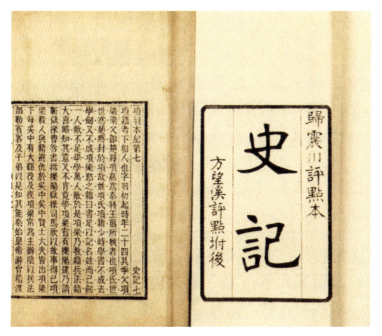

清光绪二年（1876）武昌张氏刊归方评点本《史记》
（人民教育出版社2016年版义务教育教科书《中国历史》七年级上册）

生亲近历史、认识历史的文物）——选的竟然是光绪年间刊印的一部所谓"归方评点本"《史记》，也就是在司马迁的原书上添附有明人归有光和清人方苞的评点。其版刻时代如此迟晚，很不利于学生亲近历史，熟悉历史，这样的缺点姑且置而不论，即单纯就其内容而言，归有光和方苞，都是所谓古文家，他们二人的评点，主要是把《史记》当作美文来赏析，而不是聚焦于书中载录的史事，实际上是一向为治史者所鄙夷的。因此，把这样的《史记》书影印入历史课本当中，可以说是一项根本性的错误。

回到《史记》这部书上来，刚才我强调它是由司马迁写的，是想说它的撰著年代是很早的，而早期著述之读音释义，在时过境迁之后，往往不易理解，于是就需要给它做注。

从东汉时期起，就有人做这样的注释工作。如延笃的《史记音义》一卷，就撰著于此时（见司马贞《史记索隐后序》）。到南朝刘宋时，有中散大夫徐广，又撰著同名书籍十三卷（《史记》附裴骃《史记集解序》及张守节《史记正义》）。稍后，有一个叫裴骃的人，在徐广《史记音义》的基础上，又撰成《史记集解》八十卷（见司马贞《史记索隐序》及《史记索隐后序》）。这个裴骃，是那个给陈寿《国志》做注的裴松之的公子，算是子承父业的学二代。家学传承，这位裴公子把活儿做得很好，所以后世历代相传，对他的《史记集解》都很重视。

按照清人王鸣盛的看法，裴骃的《史记集解》，从一开始就应该是附于《史记》的本文而面世的（王鸣盛《十七史商榷》卷一）。我们看《隋书·经籍志》著录裴骃此书，是书作"《史记》八十卷，宋南中郎外兵参军裴骃注"，而著录前述徐广的《史记音义》时却是书作"《史记音义》十二卷，宋中散大夫徐野民撰"（德勇案：徐广字野民。又此卷数与前说"十三卷"不同，十三卷之数出自唐人张守节的《史记正义》，二者应有一讹）。两相对比，一个是把书名记为《史记》，另一个是把书名记作《史记音义》，这显示出前者仍以《太史公书》为主体而附书裴骃的注文，后者则只是徐广的《音义》而没有《史记》的本文，可见王鸣盛的看法符合历史实际。又唐人张守节称徐广"作《（史记）音义》十三卷，裴骃为注，散入百三十篇"（《史记》附裴骃《史记集解序》及张守节《正义》），可以进一步证明这一点。

裴骃做"集解"的《史记》之所以分作八十卷，与我们熟知的一百三十卷本《史记》不同，是因为《太史公书》本来是分作一百三十篇的，而古书由篇改以卷计，往往会合数篇为一卷，裴骃是把一百三十篇《史记》本文，合编为八十卷之书，并附入自己的注释。

不过《隋书·经籍志》在裴骃此书前还著录有"《史记》一百三十卷，目录一卷，汉中书令司马迁撰"，可见唐代初年所见到的白文《史记》，已经有了以一篇为一卷的本子，并没有像裴骃那样合数篇为一卷。换句话来讲，也可以说把一百三十篇《史记》编为八十卷，只是裴骃自己的编排方法，在社会上并不通行。这样我们就看到沿自六朝古本的唐人写

歲而華丞相死卽代之矣豈可以知巧
得哉多有賢聖之材困厄不得者甚
衆也

張丞相列傳第卅六　　史記九十六

酈生陸賈列傳第卅七　　史記九十七

罗振玉影印古写卷子本《史记》残卷

本《史记》残卷，如《河渠书》和《张丞相列传》《郦生陆贾列传》等，虽然都已附有裴骃的《集解》，可是书卷序次却与一篇一卷本《史记》完全相同。这告诉我们，裴骃的《史记集解》行世未久，就被按照社会上通行的做法分作一百三十卷的本子，其八十卷原本并不通行。当年王鸣盛就因"裴氏八十卷之旧不可复见"而感叹"不知其分卷若何"（王鸣盛《十七史商榷》卷一），时至今日我们就更无从追索了。

裴骃的注解对理解《史记》的内容相当重要，所以，唐代通行的《史记》写本就已经普遍是裴骃的注解本，因而在宋代普及雕版印刷之后，首先印行的也是这样的《史记》文本。

继裴骃《史记集解》之后另一部注释《史记》的重要典籍，是唐朝开元年间人司马贞的《史记索隐》。

除了为《史记》做注释之外，司马贞还撰有"补史记条例"，列在《史记索隐》的篇末。这是因为他尝意欲订补《史记》，或者更准确地说，订补《史记》才是他动笔之初的目的。司马贞是想把《太史公书》改写成一部"小司马《史记》"（司马贞《补史记序》）。像这样改写史书的想法和做法，是基于隋唐以来很普遍的一种文化风尚。不过像司马贞这样公然把自己的名字硬贴到司马迁的千古名作上面，却很不寻常。现在我们在汲古阁单刻的《史记索隐》原本上，还可以看到他自己的题名——"小司马氏撰"。虽然司马贞和太史公姓的是同一个"司马"，可你看前边写《后汉书》的司马彪，后头写《资治通鉴》的司马光，人家可谁都没好意思腆颜自称"小司马"。其实审度司马贞订补《史记》的动机和实质内容，不过是想要以其道义原则，来"黜陟阶降"邦国人物之高下崇卑而已，就是举起手来表个态，这怎么能达到和太史公比肩的高度。

话讲得很大，但司马贞订补《史记》的成果，今传留于世者仅有新增《三皇本纪》一篇，且司马贞自为之注。自己给自己写的东西做注，这让别人怎么看，都会觉得怪怪的。还有司马贞这部《索隐》除了注释《史记》本文之外，还同时兼释裴骃《集解》的内容，所以一开篇卷首，列的就是裴骃的《史记集解序》。

司马贞《史记索隐》的原书，并没有像裴骃的《史记集解》一样附入《太史公书》文内，而是脱离司马迁书本文而别出单行，至今仍有毛晋汲古阁在明末依据宋本翻刻的三十卷单行原本存世。

比司马贞撰著《史记索隐》稍晚，又有一部重要的注释《史记》的专书问世，这就是张守节积其一生精力撰著的《史记正义》。这部新注既然撰著于司马贞书之后，用清人邵晋涵的话来说，便"能通裴骃之训辞，折司马贞之同异"（邵晋涵《南江书录》之"史记正义"条），也就是兼释裴骃的《集解》和司马贞的《索隐》。了解这一情况，对更好地理解《史记正义》的内容非常重要，可惜现在阅读《史记》的人近乎没谁知晓。邵晋涵是一位很有眼光的学者，他揭示张守节这部书书名的寓意说，其书"题曰'正义'，殆欲与《五经正义》并传矣"（邵晋涵《南江书录》之"史记正义"条）。了解这一旨意，对

毛晋汲古阁刻司马贞《史记索隐》原本

阅读和利用《史记正义》以及认识《史记》旧注合编并行的过程，同样十分重要。

张守节的《史记正义》，卷次和司马贞的《索隐》相同，也是三十卷，本来也是脱离《史记》本文而别出单行。

上面讲的裴骃《集解》、司马贞《索隐》和张守节《正义》，世人合称"《史记》三家注"。

进入宋代以后，除了单附《史记集解》的刻本之外，还有一些雕版印刷的《史记》，是在附有《集解》的同时，还把司马贞的《索隐》也一并散入其中；另外更有一并散入《索隐》和《正义》，也就是合刻三家注的印本。

这样兼附《索隐》或是还带有《正义》的《史记》是从什么时候开始雕版印刷的，我完全没有做过功课。不过粗略看一下传世《史记》的各类版本，似乎还是可以了解其大致情形的。

清四库馆臣尝谓《史记》三家注"其初各为部帙，北宋始合为一编"（《四库提要》卷四五），但没有交代讲这话的具体依据是什么。检邵晋涵撰写的提要初稿，但谓三家注"其初各为一书，后人并附分注，以便检览"（邵晋涵《南江书录》之"史记"条），并未谈及其合刊为一书的时间，因而我很怀疑纪昀定稿时所做改窜，只是一种想当然的说法，可能太随意了，当不得真。

民国时商务印书馆影印出版百衲本《二十四史》，其中的《史记》，用的是南宋建安黄善夫书坊的合刻三家注本。张元济先生为这个印本撰写跋文，提到一部清宫所藏嘉祐二年

（1057）刻本。这是见于史籍著录的一部刻印年代最早的三家注本《史记》——它的刊刻年代，是北宋仁宗嘉祐二年。要是多少了解一点中国古代这类著述存在形式的演化历史，特别是经书注疏与本文合刊的历史，就很容易明白，这个年份，不管怎么说都是很早的。因为本文与注疏文字的合刊，是有一个渐进过程的。

这部清宫旧藏的所谓嘉祐二年刻本《史记》，见于《天禄琳琅书目》的著录。具体地讲，它是被载录在《天禄琳琅书目后编》卷四，给我们提供其刊刻年代信息的，是如下这些内容：

> 末卷载"嘉祐二年建邑王氏世翰堂镂版"。前有刻书序，不著名氏，云"平阳道参幕段君子成求到善本，募工刊行"。

所谓"天禄琳琅"旧藏，现在很受一班藏书家追捧，其实从其藏品，到书目的撰述，都问题多多。其全部书目，由两部分构成：乾隆年间所纂为《天禄琳琅书目》，嘉庆初年续成者称《天禄琳琅书目后编》。

这两编书目是一班臣子奉敕所为。给主子当牛马，既不必像自己的事儿一样认真做，也不能拎不清情况去拂主子的兴致。人家主子不是拿珍本善本做学问，只是当作古董赏玩，"重在鉴藏"（《天禄琳琅书目》卷首《凡例》）；臣子们著录时所倚重者，也更多的是"前人评跋，名家印记"（《天禄琳琅书目后编》卷末彭元瑞《天禄琳琅续编识语》)。所以《书目》中对藏家印记是一一罗列，不厌其详，而对版刻的考订甚至是对其基本事项的著录，却往往相当马虎。这一缺陷，《天禄琳琅书目后编》体现得尤为突出。清末民初人叶德辉在《书林清话》中列有专条，特地指出过这一点(《书林清话》卷一〇"天禄琳琅宋元刻本之伪"条)。不过在这一点上，我们现在看到的《国家图书馆宋元善本图录》倒是与之颇为相像。

譬如张元济先生提到的这部《史记》，《天禄琳琅书目后编》著录的书名是"史记索隐"，可下面叙述的具体状况却是："唐司马贞著。书一百三十卷。裴骃《集解序》，贞《补史记序》、《索隐序》二、《正义论例》、《谥法解》。"这《正义论例》《谥法解》都是张守节《史记正义》的内容，此本若是包含有这些内容，就必属三家注合刻无疑，怎么能记作司马贞的《史记索隐》呢？其间必有舛错。活儿干得这么糙，你还怎么敢相信它对版刻性质的判定呢？殊不知那些"前人评跋，名家印记"，恰恰是赝造者最好施以手脚的地方，那些"重在鉴藏"的玩家愿意怎么玩儿就怎么玩儿，做学问的人却没必要把这些东西太当回事儿。

实际上稍加审度，就可以看到，这部书上题署的刻书信息，是相当怪异的。"建邑王氏世翰堂镂版"云云，自然会给人以建阳书坊刻书的感觉，但书坊雕印书籍通常并不附有刻书的序文，这部书既有"世翰堂"的牌记又带有刻书之序，而且所带序文还没有落款署名，此等情形是相当令人费解的。更为怪异的是

"平阳道参幕段君子成求到善本,募工刊行"这一题记。首先,段子成"募工刊行"的说法同"世翰堂"书坊牌记两相冲突,有你没我,绝不会同时出现在同一部书上。还有"平阳道"在宋朝是一种什么样的行政建置,它又设在哪里,我读书少,百思不得其解。怪,实在是太怪了。只有世上从未有过而妄人赝造的古物才会如此怪异,因为它本来就不是个东西。

那么我们转换一个角度,在当时的一般社会背景下来看看这一"嘉祐二年"刊刻的三家注本《史记》是否会存在。据记载,北宋这一时期的著名学者,同时也堪称大藏书家的宋敏求,曾"以刘伯庄《史记音义》、司马贞《索隐》、陈伯宣《注义》分注入太史公正史"(宋杜大珪《名臣碑传琬琰之集》中编卷一六范镇撰《宋谏议敏求墓志》)。刘伯庄《史记音义》作于唐贞观年间,见司马贞《史记索隐序》与《史记索隐后序》,陈伯宣《史记注义》又称《史记注》,作于唐贞元年间,见于《新唐书·艺文志》著录,这两部书同司马贞的《史记索隐》一样,都是唐人别出单行的著述。由这一情况可以看出,当时社会上通行的《史记》,连《史记索隐》都还没有被散入太史公原书之中,又遑论合刻三家之注了。

其实《天禄琳琅书目后编》提到的这篇带有"平阳道参幕段君子成求到善本募工刊行"序文的《史记》,乃是蒙古中统二年(1261)刻本,唯此本仅附有裴骃《集解》和司马贞《索隐》,并没有张守节的《正义》,而这篇序文本来是有作者的,乃姓董名浦,系司职"校理"之人,并非"不著名氏"(说见清何元锡辑录《竹汀先生日记钞》卷一）。又平阳即金朝所谓"平水本"的刊刻之地，是金及蒙古时期北方最重要的刻书中心，在此刊刻《史记》的裴骃和司马贞二家注本，实在是合情合理的事情，而此事又怎么可能同远在福建的"建邑王氏世翰堂"沾上关系？平阳和建安，一个是北方黄河以北的坊刻中心，另一个是南方武夷山以东的坊刻中心，要是能够连手同刻一部书籍，那真是整个中国古代版刻历史上的第一等重大事件了——可实际上这是不可能发生的。解析相关史事，足见"嘉祐二年建邑王氏世翰堂镂版"这一牌记，必定出自贾人赝制。世上也绝不存在此等"嘉祐二年"合刻之三家注本《史记》。

昔叶德辉撰著《书林清话》，虽已心知所谓"嘉祐二年"三家注本并不可信，但却仍然相信《天禄琳琅书目后编》著录的是真实的情况，以为有过一部"建邑王氏世翰堂嘉祐二年刻《史记索隐》"（《书林清话》卷三"宋私宅家塾刻书"条），即变易三家注为二家注，以相调停，所说亦谬不可从。唯贺次君先生推测"或系书贾以中统本蒙世翰堂本，挖去董浦序末之题目及年号，又妄增嘉祐二年王氏世翰堂刊本字样"（贺次君《史记书录》蒙古中统二年本"史记集解索隐"条），所说合情合理，实际的情况，只能如此。

较此"嘉祐二年"迟晚，《天禄琳琅书目后编》还著录有两种北宋时期或南宋初年刊刻的合附三家旧注《史记》，一是所谓元祐椠本，二是绍兴三四年间石公宪刻本（《天禄琳琅书目后编》卷四），然而实际情况，都与之不符。或著录不实

（如石公宪刻本"止有《集解》"），或奸人动过手脚，以明刻本伪充（《书林清话》卷一〇"天禄琳琅宋元刻本之伪"条。邵懿辰等《增订四库简明目录标注》卷五《史部·正史类》"史记"条录缪荃孙语）。另外，清臣纂录的《四库全书简明目录》还讲述说，自"宋元丰刊本合三家之注为一，至今仍之"（《四库全书简明目录》卷五《正史类》"史记"条），但相关史籍特别是各藏家著录中见不到一丝一毫支撑其说的记载，这话真不知从何说起，姑且置之可也。

由现存宋本《史记》的情况，大致可以推断，兼附《集解》和《索隐》的二家注本《史记》，约略出现于南宋孝宗时期，乾道七年（1171）建安蔡梦弼东塾刊本为其滥觞，而合刻三家注的《史记》则是在光宗绍熙、宁宗庆元年间由建安黄善夫书坊首开其端，都是由建阳书坊的书贾创行其事（案：兼附《集解》和《索隐》的二家注本在孝宗时期还另有一"杭州刻本"，曾被误称作"绍兴刻本"，今仅存残卷。据其版面所镌字数及刻工姓名，可知非书坊刻本。这一刻本与蔡梦弼本孰先孰后尚殊难断定，唯此本并未刻入司马贞给诸卷所撰"述赞"，而蔡梦弼本则已将其添补到每卷篇末，故即使此杭州刻本稍早刊出，由此仍可看出书坊刻本固有的衍繁增多的特色）。参看一下经学典籍经文与注疏合刊并行的历史，应当很容易理解，《史记》版本的这一演变历程是与之密切吻合的。

只要你悉心观察，世界上许多事儿都有其内在的机理和必然的逻辑。研究历史问题，固然首先要尽量把每一项具体的实证工作做得扎实可靠，但我们不能只是撅着屁股趴在地上看，在聚焦于眼前某一观察点之前，最好还是能够先环顾左右，看清观察对象所处的总体背景。因为这个总体背景，往往会决定每一个研究对象的很多性状。

这意味着《史记》先附入《集解》，继之附入《索隐》，最后附入《正义》的情况，符合事物发展的内在逻辑，并不是传世版本容有缺失而造成的偶然现象。历史的本来面目，就应该是这样。想想邵晋涵所说《史记正义》与《五经正义》的联系，再对比一下诸经义疏散入经注的过程和张守节《正义》并入二家注本《史记》的情形，我想很多人都能够认同：其间怎能不存在必然的联系。

这么多闲话，讲来讲去，都不过是一些平淡如水的历史文献常识，可我做历史研究，在很多情况下都是靠这种常识来说话。只恨自己常识知道得太少，也太不牢靠，而不会觉得多讲几句常识有什么丢人现眼的。

这不，我们看《国家图书馆宋元善本图录》在著录宋版《史记》时，就因为对这些几乎尽人皆知的常识太不关心，从而造成了令人难以想象的谬误。

即使你以前对《史记》的版本形态一无所知，只要仔细看了我上面的介绍，也总能明白《史记集解》《史记索隐》和《史记正义》的基本情况；对比上面的说法之后，只要看上一眼，也能够准确分辨出哪个是哪个。可这本《图录》的编纂者们就是区分不开。

先看第0338号藏品，编纂者著录这是一部宋刻元明递修本《史记》，其撰著者为：

[汉]司马迁 撰 [南朝宋]裴骃 集解 [唐]司马贞 索隐

这是什么意思？意思是这是一部附刻有《集解》和《索隐》的二家注本《史记》，可我们实际看到的印在《图录》当中的书影，却是如后页两帧。

这两帧书影，此前我在《由所谓"蜀大字本〈史记〉"谈到中国版刻史研究》一文中曾经引述过，因为它也曾被《图录》编纂者"挪用"（？）为"蜀大字本《史记》"，可是那个所谓"蜀大字本"是单附《集解》的本子，并没有兼附《索隐》。那么，这个版本到底是一部单附《集解》本，还是一部兼附《集解》《索隐》的二家注本呢？

版本学是一门实实在在的笨学问，所以让我们还是用笨办法来比一下。下面这两帧书影（89页），是与《图录》上列两图直接对应的部分。

这两幅图，出自《中华再造善本》丛书影印的国家图书馆藏宋淳熙三年（1176）张杅桐川郡斋刻耿秉淳熙八年（1181）重修二家注本《史记》，其双行夹注中几处"《索隐》曰"云云正是唐人司马贞的《史记索隐》，而这些都不见于前面列举的《图录》中那两帧书影。这说明《图录》实际著录的并不是二

变戏法的帽子赶着戴

《国家图书馆宋元善本图录》著录所谓二家注本《史记》

成爲軍正故浩侯王恢使導軍（徐廣曰恢先受封一年坐使酒泉矯制國除）而李哆爲
校尉制軍事（索隱曰哆音尺奢反又尺者反）是歲太初元年也而關東蝗大起
蜚至燉煌貳師將軍軍既西過鹽水當道小國恐各堅城守不肯
給食攻之不能下下者得食不下者數日則去比至郁成士至者
不過數千皆飢罷攻郁成郁成大破之所殺傷甚衆貳師將軍與
哆始成等計至郁成尚不能舉況至其王都乎引兵而還往來二
歲還至燉煌士不過什一二使使上書言道遠多乏食且士卒不
患戰患飢人少不足以拔宛願且罷兵益發而復往天子聞之大
怒而使使遮玉門曰軍有敢入者輒斬之貳師恐因留燉煌其夏
漢亡浞野之兵二萬餘於匈奴（徐廣曰太初二年趙破奴爲浚稽將軍二萬騎擊匈奴不還也）
公卿及議者皆願罷擊宛軍專力攻胡天子已業誅宛宛小國而
不能下則大夏之屬輕漢而宛善馬絕不來烏孫侖頭易苦漢使

游俠列傳第六十四（荀悅曰立氣齊作威福結私交以立彊於世者謂之游俠）
史記一百二十四
韓子曰儒以文亂法而俠以武犯禁二者皆譏而學士多稱於世
云至如以術取宰相卿大夫輔翼其世主功名俱著於春秋（索隱曰
案春秋謂國史也以言人臣有功名則見記於其國之史是俱著春秋者也）固無可言者及若季次原
憲閭巷人也（徐廣曰仲尼弟子傳曰公晳哀字季次未嘗仕孔子稱之）讀書懷獨行君子之德
（索隱曰行音下孟反）義不苟合當世當世亦笑之故季次原憲終身空室
蓬戶褐衣疏食不厭死而已（索隱曰厭飽也於豔反）四百餘年而弟子志之
不倦今游俠其行雖不軌於正義然其言必信其行必果已諾必
誠不愛其軀赴士之阨困既已存亡死生矣（索隱曰阨音厄）而不矜其
能羞伐其德蓋亦有足多者焉且緩急人之所時有也太史公曰
昔者虞舜窘於井廩伊尹負於鼎俎傅說匿於傅險呂尚困於棘

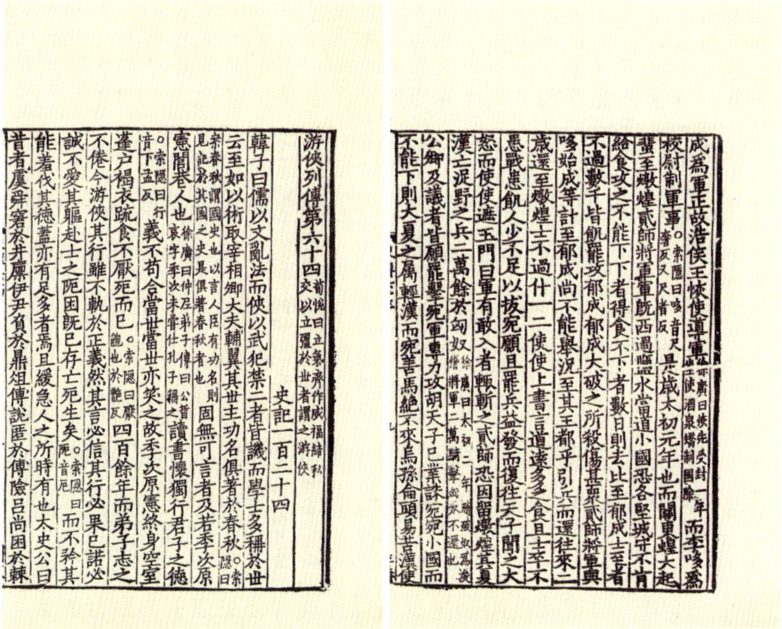

《中华再造善本》丛书影印国家图书馆藏
宋淳熙三年（1176）张杅桐川郡斋刻
耿秉淳熙八年（1181）重修二家注本《史记》

家注本《史记》，而是一种单附《集解》的本子，这真是硬把那张家的纱帽往李家人头顶上戴。

编这么大一套书，这样的事儿，偶然出现一次，或许读者也能将就着接受，可谁也想不到的是，同一册书中，没翻几页，就又一次看到了同样的情况。这就是其第0346号藏品，其书著录形式与前述0338号藏品相同，也是"［汉］司马迁 撰 ［南朝宋］裴骃 集解 ［唐］司马贞 索隐"，具体的版本，乃是"宋乾道七年蔡梦弼东塾刻本"，并"配宋淳熙三年张杅桐川郡斋刻八年耿秉重修本，余94卷配其他两宋本"，可我们在《图录》中看到的四帧书影，却都是这样一个版本。

这是什么？稍习《史记》版本者一望可知，这是著名的北宋刻十四行单附《集解》本《史记》在南宋初年的复刻本。这同刚才提到的第0338号藏品的错谬性质相同，可以说，跟《图录》所标称的"宋乾道七年蔡梦弼东塾刻本"根本就不是同一部书，而如此选配书影，何以体现"宋乾道七年蔡梦弼东塾刻本"的版刻特点？当然仔细琢磨也大致能够琢磨出来，这些书影应该是配入书中那"其他两宋本"之一，但这样的做法合理吗？

我们看其第0339号藏品，著录的是：

> 史记一百三十卷 ［汉］司马迁 撰 ［南朝宋］裴骃 集解

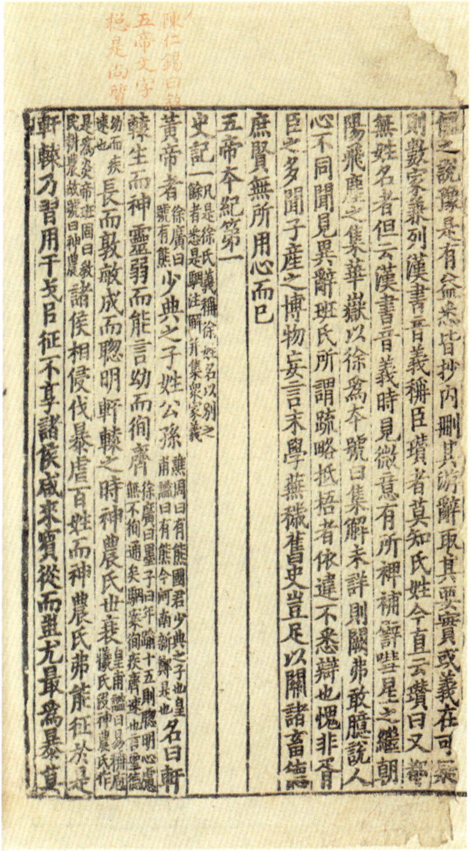

《国家图书馆宋元善本图录》著录所谓宋乾道七年（1171）
蔡梦弼东塾刻本《史记》

《国家图书馆宋元善本图录》著录宋刻元明递修单附《集解》本《史记》

这书虽是宋刻而有元明递修，却没有配本，也就是说一百三十卷书，每一个页面都是这种单附《集解》的本子，可我们却在《图录》中看到了左面这样一帧书影：

这是司马贞替太史公补撰的《三皇本纪》和他自己给自己做的注释！裴骃是南朝刘宋时期的人，在他的《史记集解》中当然不会有唐人司马贞写下的这篇东西。

当然我们静下心来慢慢找寻缘由，可以看出这是宋人或元明递修者在刊刻单附《集解》本《史记》时，刻意添进去了司马贞这一篇补作，全书并没有附刻小司马的《索隐》。可这一点正是此本的独特之处，也是其版本价值所在，其间亦自有其文化因缘。对此，《图录》编纂者本应做出清楚的说明，给学术研究提供线索，以供学者们加以探讨。

作为一个读书人，我实在无法理解这《图录》怎么把这部书编成这样，你总得在前面有个相应的说明吧？不然的话，看到这样的书影，岂不让大多数普通读者一头雾水？越看眼越乱。这真像是马戏团小丑变戏法的帽子——赶着戴：一个人，两只手，三顶帽子（高手也可能更多），翻飞起伏，赶上哪顶就戴到头上哪一顶。

**2020 年 5 月 31 日记**

【附记】拙稿在敝人微信公众号"辛德勇自述"推出后,蒙台北故宫博物院图书文献处曾纪刚先生留言相告:"《天禄琳琅书目后编》卷四著录的所谓'宋嘉祐二年'《史记索隐》,倒也不是蒙古刊本,实则明代正德年间建阳刘洪慎独斋刊本。这书里里外外作伪多多,裁书序、伪刊记、钤假印,连书皮都假冒'金粟山藏经纸'。这书现藏于台北故宫博物院。"谨向曾纪刚先生致以由衷谢意。

# 颜师古注的《汉书》叫什么名

读书人，碰到感兴趣的书就想读；哪怕没时间仔细读，也会随手翻看。闲翻《国家图书馆宋元善本图录》，忽然想到一个问题：颜师古注的《汉书》叫什么名字？

这应该说是一个不是问题的问题。因为《旧唐书·经籍志》著录此书，即作"《汉书》一百二十卷，颜师古注"。这说明什么？说明这部书同很多早期典籍的古人旧注一样，注释者只是给人家的书做注，把名字附在被注释的原书里就是了，并不需要给自己的注本再另行拟定一个书名。

但注释者不再另拟书名，并不等于就没有个便宜的叫法，要不你不管在什么情况下都徒称《汉书》，就无法区分是指班固原来的《汉书》还是附加了颜师古注的《汉书》。像现在我们学者做研究，当然可以径称为"颜师古注《汉书》"，或者更加简单一些只叫它"颜注《汉书》"，甚至弄得更像那么回事儿地称之为"小颜注《汉书》"（颜师古的叔父颜游秦也注过《汉书》，相对而言，师古辈儿小，故称小颜），可这一听就不像个书名，只是后人很随意的称谓。至于像赵万里先生那样把书名记作《汉书注》（见《中国版刻图录》），更与颜师古自己在注本中题署的"汉书"二字具有天壤之别。你再看《旧唐书·经籍志》著录此书时也是徒将其题作"汉书"的情况，更说明这正式的书名一直就是《汉书》，而像赵万里这样反宾为主，掩却班固原书而突出颜氏的注释，乃绝然背离作者原意，不可取。

翻看《国家图书馆宋元善本图录》，我发现颜师古自己是把这部注本称作"新注汉书"。这一见于《图录》第0377号藏品宋嘉定十七年（1224）白鹭洲书院刻本（此白鹭洲书院本应属元代所刻），一见于《图录》第0378号藏品宋建安坊贾蔡琪家塾刻本。不信大家看一眼下页这两张图片中《新注汉书叙例》那个标题，"新注汉书"这个书名是清清楚楚的。

当然，怎样判断"新注汉书叙例"这六个字的含义，还是一个稍显复杂的问题。因为我们在较早刊刻的《汉书》印本上，并没有看到这样的标记。

《汉书》传留于世最早的版本，是印入百衲本《二十四史》的所谓北宋景祐刊本，但这个本子实际刻印成书，是在南宋初年（赵万里《中国版刻图录》之《目录》）。其实不管它是北宋旧刻，还是南宋新刊，终究是一部官刻之本（有书中镌记的校勘官员姓名为证）。可是在这个版本中，我们是见不到那个"新注汉书叙例"的。这种情况，很容易让人们想到：这个"新注汉书叙例"也许是后人妄自添加的内容，而同颜师古的原著无关。

实际情况究竟如何，我们首先要核诸这部所谓景祐刊本本身。在这个刻本中，我们虽然没有看到上述"新注汉书叙例"的字样，但是这个《新注汉书叙例》中很大一部分内容，却被卷末附刊的秘书丞余靖上言所引述，谓之曰"颜师古叙例云"如何如何。

这种做法，显然很不妥当。因为不管这部分内容叫什么名称或者有个什么样的题目，即使就像余靖所说的，它就叫"叙

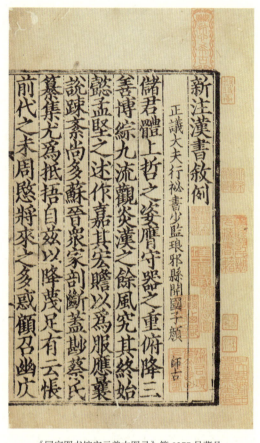

《国家图书馆宋元善本图录》第 0377 号藏品
白鹭洲书院刻本《汉书》

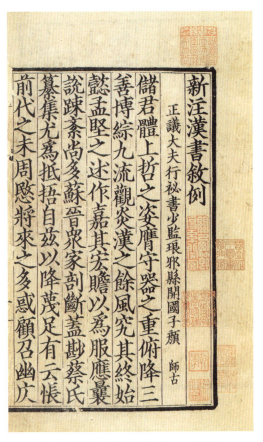

《国家图书馆宋元善本图录》第 0378 号藏品
蔡琪家塾刻本《汉书》

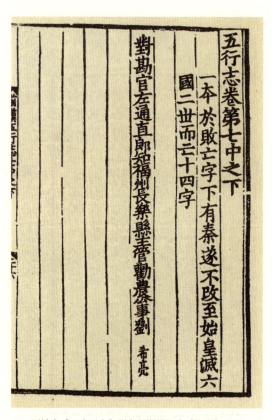

百衲本《二十四史》影印所谓景祐本《汉书》中的校勘官员注记

例",那它也是颜师古这部书的一个重要组成部分。况且实际上这个《叙例》还非常重要,是颜师古在向读者全面阐述其撰著缘起、著述宗旨和处理原则,并一一开列了前此二十三家注释者的姓名和履历。在很大程度上可以说是同《史记·太史公自序》《汉书·叙传》性质相当的内容,因而后人是没有任何理由将其割而去之的,所谓景祐本《汉书》,作为官刻之本更没有道理这样做。

主持百衲本《二十四史》编印的张元济先生,对所谓景祐本《汉书》赞不绝口,称其"一校再校,自不能不推为善本",或谓此本"为见存最古善本"(张元济《校史随笔》)。就《汉书》本身的文字内容而言,张元济先生这一看法固然有他十足的道理,可在另一方面,我们一定首先认清,摆在我们面前的这部书是颜师古撰著的《汉书》注本,在评价其文本质量时不能不首先考虑颜注自身的完整性。像现在我们看到的这样把作者本人的《叙例》割弃不存,无论如何也是一种不合适的做法。

对比一下其他学者的看法,我们可以看到,清人王鸣盛就对沿承所谓景祐本这一做法的毛晋汲古阁本批评说:

> 颜师古《叙例》,此削去不存,则来历不明。凡读书最切要者,目录之学。目录明,方可读书;不明,终是乱读。(王鸣盛《十七史商榷》卷七)

王鸣盛在这里讲的是"大道理",也就是超迈具体文字正误之

百衲本《二十四史》影印所谓景祐本《汉书》卷末附余靖上言

建安刘元起书坊庆元刻本《汉书》(据日本朋友书店 1977 年影印本)

上对一部古籍总体状况的认识,而这是清代以来的校勘学家和版本学家都很容易忽视的一个重要问题。人们在过分关注某一项研究内容的时候,往往就会顾此失彼。不信我们接着往下看,还会在所谓景祐本中看到其他严重错谬的地方。

在这个具体问题上,就像王鸣盛所讲的那样,若是对颜师古自己讲述的这些著述宗旨和处理原则都一无所知,那么,又怎么能够很好地利用他所注释的内容?岂不正像王鸣盛所说的那样,只能是两眼迷茫,"乱读"其注?

以此认识为基础,再来审视我一开头提到的白鹭洲书院刻本和蔡琪家塾刻本的情况。这两个版本都是以"新注汉书叙例"作为标题,在《汉书》卷首,全文刊载了颜氏这一《叙例》的内容。这一点,对比一下所谓景祐本卷末余靖引述的情况,是一清二楚的。其实这并不是一个偶然的现象,在著名的庆元本《汉书》当中,我们可以看到同样的情况。

古人书序,本来是列在全书之末,如《史记·太史公自序》和《汉书·叙传》,而后人整理、注释前人典籍,相关的说明文字,既不宜插入原书当中,便只能附于书籍的正文之外,这也是独立书序产生的一项重要因缘。前此我在《一本书一回事儿》那篇文章中曾经很粗略地谈过(此文收入拙著《辛德勇读书随笔集》之《版本与目录》分册),古人著书,在正文之前写下自己的序文,大致是从东晋时期开始的;或者说至少是从这一时期开始才逐渐走向普及。

在这一背景下来看颜师古在所注《汉书》的书前开列这篇

《叙例》，应该是很自然的事情，完全符合当时的著述通例，即这篇《叙例》乃是颜师古给他这部《汉书》注本写下的序文，而"新注汉书叙例"这六个字，就是这篇序文的篇题。

我们若是再来看一下颜师古在"新注汉书叙例"这个篇题之下题署的姓名，或许能够更进一步认证这一点。如图所见，上述建安刘元起书坊庆元刻本、建安蔡琪家塾刻本和白鹭洲书院刻本，颜师古题署的名衔都是"正议大夫行秘书少监琅邪县开国子颜师古"。刘元起书坊庆元刻本在内文每一卷次首页的题名也是如此，蔡琪家塾刻本和白鹭洲书院刻本的内文，则在上面冠加一个"唐"字，作"唐正议大夫行秘书少监琅邪县开国子颜师古"。后者的题署形式，更易凸显"新注汉书叙例"题下"正议大夫行秘书少监琅邪县开国子颜师古"这一题名，应当出自颜师古自署。

对比一下所谓景祐本《汉书》题署的名衔，我们能够更加清楚地领会这一点。在所谓景祐本《汉书》每一卷的开头，俱署云"秘书监上护军琅邪县开国子颜师古"。检颜氏《新注汉书叙例》称"岁在重光，律中大吕，是谓涂月，其书始就。不耻狂简，辄用上闻，粗陈指例，式存扬攉"，这是讲当其注本初成之际，著此《叙例》，以禀报于承乾太子。盖颜师古注释《汉书》，乃是遵奉太宗太子李承乾之命而为，故有此语。

颜师古讲述的成书时间，"重光"是以岁阳称谓值"辛"之年，"大吕"和"涂月"都是指十二月。检《旧唐书》本传，颜师古拜秘书少监在贞观七年（633），贞观十一年，由琅邪县

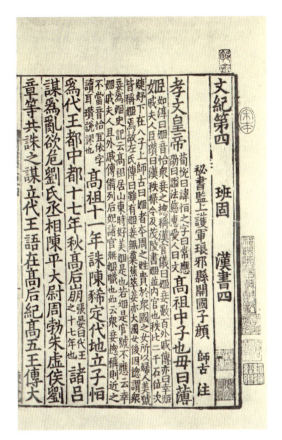

所谓景祐本《汉书》颜师古名衔
（据《中国版刻图录》）

男进爵为子,"时承乾在东宫,命师古注班固《汉书》",而贞观十五年为辛丑年,故颜师古《汉书》注本当撰成于贞观十五年十二月。

依此核验"正议大夫行秘书少监琅邪县开国子颜师古"这一题名,可知完全符合颜师古当时的身份,只是《旧唐书》本传记述其秘书少监的官职是实授,而庆元本等版本《汉书》上的题署的是摄行,亦即代理其职。这是史书记载从略而本人自称就实,更能体现"正议大夫行秘书少监琅邪县开国子颜师古"这一题名的自署性质。

进而再来看所谓景祐本《汉书》"秘书监上护军琅邪县开国子颜师古"这一题名。《旧唐书》颜氏本传称其由秘书少监升任秘书监是在进上《汉书》注本之后,而没过多久颜师古就以这一职衔在贞观十九年去世,因而颜师古在《汉书》注中断无自署"秘书监"之理。换个角度看,两相对比,若是他人题写颜师古名衔于《新注汉书叙例》之下以及《汉书》诸卷卷首,那么只会题写他最终、最高的官职"秘书监"(所谓景祐本《汉书》卷末余靖上言,述及颜师古简历,正谓其官秘书监而受封琅邪县子,与此本所署颜师古名衔相同),而不会刻意署作"行秘书少监";特别是这个"行秘书少监"的"行"字,连《两唐书》颜师古本传里都没有记载,后人又怎能凭空编写出来?昔欧阳脩及清人陈澧等辨所谓韩愈《与大颠书》之伪,即以其所署"吏部侍郎潮州刺史"这一职衔为突破口——"盖退之自刑部侍郎贬潮州,后移袁州,召为国子祭酒,迁兵部侍郎，久之始迁吏部，而流俗相传但知为韩吏部尔"（欧阳脩《集古录》卷八"唐文公与颠师书"条。陈澧《东塾集》卷二《书伪韩文公与大颠书后》），所谓"秘书监上护军琅邪县开国子颜师古"这一衔名必出于后人妄题，其道理正与之相同。所谓景祐本《汉书》之不靠谱，这又是一项很突出的体现。

"正议大夫行秘书少监琅邪县开国子颜师古"这一题名既属颜师古自署，"新注汉书叙例"这一篇题也应该出自颜师古自书，而且若非颜氏自书，宋人刊刻《汉书》，也没有把唐人旧注称作"新注"的道理。注《汉书》者，虽然在东汉以后就屡有其人，可直至西晋时期，还都是别自为书，不附丽于《汉书》本文之下。按照颜师古《叙例》的说法，直至东晋，"蔡谟全取臣瓒一部散入《汉书》，自此以来始有注本"。颜师古所谓"新注"，就是针对蔡谟这一"旧注"而言。检所谓景祐本《汉书》末附余靖上言，即谓《汉书》至蔡谟始有注本，而"至唐太宗时皇太子承乾命颜师古更加刊整，删繁补略，裁以己说，儒者伏其详博，遂成一家"，足证此"新注"之"新"确非如刊书坊贾所随意标榜的招摇文字。

这样，落实下来，颜师古所说的"新注汉书"，就应该是他对自己新著《汉书》注本的称谓。虽然他在内文中正式题写的书名还只是《汉书》（一般来说，古书内文首卷首页第一行题写的书名，就是这部书正式的名称），标明他只是在给班固的《汉书》做注，因而这"新注汉书"只能算作一个很不正式的"小名"，然而"小名"也是个名，后人不能不把它当个名看。

最后让我们来看现在通行的中华书局点校本《汉书》，它是把这个"新注汉书叙例"印作"汉书叙例"，凭空抹去了"新注"二字，也没做任何校勘说明。推究造成这一状况的原因，是这一点校本系以清末王先谦《汉书补注》为底本，《汉书补注》依据的是明末毛晋汲古阁刻本，因汲古阁本阙载《叙例》，故王先谦以清乾隆武英殿本补之，而殿本题此《叙例》为"前汉书叙例"，实在不伦不类，故中华书局点校本径行改作"汉书叙例"。唯点校者仍不明就里，不思《汉书》乃是东汉人班固的著作，而这篇《叙例》讲述的是唐人颜师古《汉书》注的做法，名为"汉书叙例"岂不荒唐？但愿正在重新修订的中华书局点校本能够改正这个明显的疏误。

2020 年 6 月 25 日晚记

是艺林佳话还是学林笑话

以前我翻看《国家图书馆宋元善本图录》，随兴随意地谈过《史记》和《资治通鉴》，现在再来以《汉书》为例，谈谈《图录》编纂者是怎么弄得你哭笑不得的。

《图录》所收第0375号藏品，著录的说明文字，是"北宋刻递修本［卷30配宋庆元元年（1195）建安刘元起刻本，卷39配宋嘉定蔡琪刻本］"，且注明系清黄丕烈士礼居及瞿氏铁琴铜剑楼旧藏，故稍有《汉书》版刻知识者即明，此乃百衲本《二十四史》影印之所谓北宋景祐刻本，其确切版刻年代，现在虽然还不大容易确定，但就现在我们看到的印本而言，其书版竣工应是在南宋初年。这一点，学术界早已辨识清楚。前此我在《颜师古注的〈汉书〉叫什么名》那篇文稿中已经谈到相关情况。

当年商务印书馆影印此书，是由张元济先生主持其事。张元济先生在影印本的后跋里讲述这个本子的版本状况说：

> 原阙《沟洫》《艺文》二志，配以大德复本。又残损漫漶者十余叶，亦以元刻补配。

一般来说，像张元济先生这样的版本专家，是既不会说瞎话也不会讲假话的，但张先生以文言写题跋，行文力求简约，有些话也就说得不是十分明白。譬如，这"配以大德复本"的《沟洫志》和《艺文志》，究竟是商务印书馆采用的这个所谓景祐刻本原来就配有的，还是他老人家新给配进去的，就语焉未详。

## 惠紀第二　班固　漢書二

祕書監上護軍琅邪縣開國子顏師古注

孝惠皇帝荀悅曰諱盈之字曰滿應劭曰禮諡法柔質慈民曰惠師古曰孝子善述父之志故漢家之諡自惠帝下皆稱孝也臣下以滿字代盈者則知帝諱盈也他皆類此

帝年五歲高祖初爲漢王二年立爲太子十二年

四月高祖崩五月丙寅太子即皇帝位尊皇后曰皇太后賜民爵一級蘇林曰帝初嗣位爲恩惠也

爵三級四歲二級師古曰中郎郎中滿六歲二級蘇林曰中郎也

外郎郎中滿六歲賜錢萬

日外郎散郎也中郎不滿一歲一級外郎不滿二歲賜錢萬

恩所以優之也

爵乃當之姜中郎外滿乃歲亦一級

賜爵之姜中郎

人散郎三歲當滿六歲之二歲作郎四歲也師古此說非也直謂作郎未經一歲二

張晏曰不滿一歲之一歲作郎三歲也不滿二歲謂不

賜一級今斷不

本来前些年《中华再造善本》丛书影印过国家图书馆收藏的这个本子，可我由于手头已有百衲本《二十四史》的《汉书》，就没再花钱去买。现在读到这部《国家图书馆宋元善本图录》，最引起我兴趣的，就是想看看《沟洫志》和《艺文志》这两卷书的情况。

《沟洫志》在《汉书》里排在第二十九卷，《艺文志》紧次其后，排在第三十卷。我们看《汉书》最后那一卷，也就是所谓《叙传》，班固在这里讲述了他自己排定的《汉书》各个卷次的先后位置，次序就是这么排的。然而大家看《国家图书馆宋元善本图录》著录的情况，这阙佚的两卷，却是第三十卷和第三十九卷。这真的太让人吃惊了！说吃惊，倒不是因为我太崇拜张元济先生而不相信他老人家竟会犯下如此严重的错误，我做研究，最注重无征不信，对谁都不会盲目崇拜。这是因为百衲本《二十四史》的《汉书》就在手头，我是常翻常用经常看的。《图录》著录说此本阙佚卷三〇，这没有问题，不会让我感到有什么意外，可是那个第三十九卷是《萧何曹参传》，传主是何等重要的大人物，明晃晃、亮堂堂地摆在那里，一丁点儿也看不出配本的迹象。所谓景祐本《汉书》的版刻形态是很特殊的，按照我所具有的版本学常识，觉得想从其他版本中找到一卷长成这样的来配上，乃是难以想象的事情，这让我怎么相信《图录》这一说法？

那么，这到底又是怎么一回事儿呢？按照我的猜想，很可能是《国家图书馆宋元善本图录》的编纂者搞错了阙卷的卷

百衲本《二十四史》影印所谓景祐本《汉书》

次。本来阙佚的是卷二九至卷三〇,可卷二九是排在卷三〇的前边,怎么竟然能被《图录》的编纂者错置其前后次序,这让人觉得实在太过于荒唐,也太过于离奇。这么一弄,阙佚的这两卷到底是怎么配的,我也不能不感到怀疑——到底哪一卷配的是哪一种书,要不是亲眼看一下原书,实际情况,谁又知道呢?

我很关心这两个阙卷的配本是怎么一回事儿,是因为我对《汉书》的版本状况几乎一无所知,希望这部《国家图书馆宋元善本图录》能够多给我提供一些本来就应该提供,而且也很容易提供的版本信息。

按照目前所披露的信息,在核对原书或是去查看《中华再造善本》丛书的影印本之前,我只能相信是张元济先生在影印百衲本《二十四史》的时候,刻意抽换掉这部书中补配的庆元年间刘元起刻本和嘉定年间蔡琪刻本,配上了从其他途径找到的所谓"大德复本"。

让我特别好奇的是,这两卷"大德复本"的底本到底是怎么一回事儿。因为像我这种外行在研究中需要了解一部书的历代版刻状况时,往往只是检索一下傅增湘的《藏园订补郘亭知见传本书目》、邵章和邵懿辰祖孙的《增订四库简明目录标注》以及朱学勤的《朱修伯批本四库简明目录》这些"版本目录"书籍,然而在这些书籍中是找不到这样一种"大德复本"的。唯一与其时代相近的刻本,是大德年间建康道九路合刊"十史"中的太平路儒学刻本,但太平路儒学刻本的行款与此差别

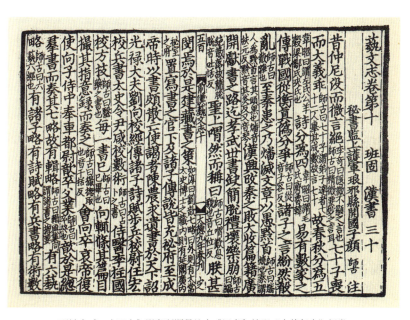

百衲本《二十四史》影印所谓景祐本《汉书》补配"大德复本"阙卷

明显，是四周双边，细黑口，与此左右双边白口本判然有别，而且每行的字数也不相同，故二者绝非一事。这种太平路儒学刊本，在《图录》中就收有两种，即第0386号和第0387号藏品，大家看上一眼，再对比一下上面出示的百衲本《二十四史》本《汉书》补配的《艺文志》，会很容易明白的。这至少说明补配在百衲本《二十四史》中的这种"大德覆本"是颇为罕见的，张元济先生何以惜墨如金而对其来源和版本状况未加任何说明，实在也是一件令人费解的事情。

不过这么重要的基本典籍，很难想象就这么来无踪去无影地没了。稍微琢磨一下，好像也能找到它的行迹。《国家图书馆宋元善本图录》载录的第0376号藏品，是与上面讲的第0375号藏品为同一版刻，也同属黄丕烈士礼居旧藏，《图录》编纂者将其著录为"北宋刻宋元递修本"，并且注明其中补配有元刻本、明正统刻本和清初抄本。

特别值得注意的是，《图录》记云，此本系"辛亥革命前张元济为涵芬楼购置，钤'海盐张元济经收''涵芬楼''涵芬楼藏'"。张元济先生在《涵芬楼烬余书录》中也著录了这个本子，称"余为涵芬楼以重价收之"。这就提示我们百衲本《二十四史》中影印的那部所谓景祐本《汉书》，很可能是用这部书配成。再来看《图录》著录这部书中补配的元朝刻本，正包括卷二九、三〇两卷在内（但这元朝配本却没有上一部号称用宋嘉定蔡琪刻本补配的第三十九卷），这就更让我有理由认定百衲本《二十四史》印本《汉书》中补配的那两卷所谓"大

《国家图书馆宋元善本图录》第 0386 号藏品
元大德九年（1305）太平路儒学刻本《汉书》

德复本"（实际上书版并非俱刊刻于大德年间，而是大德八年以后，经至大、延祐、元统以及明正统历年陆续刻成）应是取之于此。

这样，别的什么都不论，只要稍微考虑一下百衲本《二十四史》影印《汉书》对学术研究产生的重大影响，《图录》编纂者就无论如何也应该在这卷二九、卷三〇两卷中选取一个页面，印入《图录》；更不用说即使没有这个原因，也应该适当选取一两帧补配的刻本。然而遗憾的是，我们未能看到这样的结果。实际上，令人匪夷所思的是，《图录》总共印入八帧这部书的书影，除去三帧清人的藏书题识和一帧清抄配本之外，剩下的四帧书影，竟然都是同样的宋刻原版！须知《图录》的上一部书即第0375号藏品已经选印过四帧同一版本的书影，编纂者为什么不利用这些版面给读者提供更多的版本信息？

清人钱天树在看到黄丕烈旧藏的这部补配本后，写下了一段题跋（《图录》第0376号藏品），《图录》已选印其中。可是不知出于什么原因，这同一页题跋竟被分别印到了第0375号藏品和第0376号藏品这两部书的下面：前者是以小图形式印在了著录书名和版刻的主页上，后者是占据一个页面的大图。不管怎么个印法，都明明是同一篇题跋，当时也没有复印、影印技术，这篇题跋自然无法分身两处。这真如同一女嫁了二夫，可让读者把它当作谁家的"媳妇"是好？

当然，要是读一下钱天树题跋的内容，再比对一下这两部书的具体情况，还是能够区分出来，它针对的对象，是那部补芳贵范旬所藏北宋板景祐两都赋一册于任观察阁原世次即是本也内中犹有元明板配入五大德正统本皆从景祐本影出不破出一豪看厲耳其扰補而従善本影寫以成全璧也是旬袁箕亭板亥本来记今係一書矣而万袖史紀宠栏觑求板実单之首且劉宜稱西有祠漢書而与此旬之类紀善多蓋恭存䂓迫丁西十月芝川方元白觀因題
䝉廬戲錢天樹

配有元刻本、明正统刻本和清初抄本的本子。其文曰：

> 内中虽有元明板配入，然大德、正统本皆从景祐本所自出，不碍为一家眷属耳。其抄补亦从善本影写，以成全璧。也是翁裒集宋板各本《史记》，合作一书，题为"百衲《史记》"，冠于《敏求记》史部之首。是则宜称为"百衲《汉书》"，可与也是翁之《史记》并为艺林佳话也。

《汉书》是一代名著，古刻佳本，一向难求，故旧时藏书家裒集诸家善本为一书，诚属艺林佳话，可像《国家图书馆宋元善本图录》这样著录《汉书》，却只能说是在制造并不滑稽的学林笑话。

2020年6月29日记

# 比传说中的景祐本更早的《汉书》

《汉书》初次雠校付梓，始于宋太宗淳化五年（994），而在真宗景德元年（1004），又诏命儒臣复校这一印本，所校改谬误，录为六卷。但这次校改后并未重刻其书，世之行者仍"止是淳化中定本"，当时乃因"既已刻版，刊改殊少"，即只是适当改动了原有书版上很少一部分错讹的文字，也就是只对淳化旧版做了少量挖改（《宋会要辑稿》第五十五册《崇儒》四）。

仁宗景祐元年（1034），秘书丞余靖复上言："国子监所印两《汉书》文字舛讹，恐误后学，臣谨参括众本，旁据它书，列而辨之，望行刊正。"（百衲本《二十四史》影印所谓景祐本《汉书》篇末附印官牒）至景祐二年九月，校勘事竣，成《汉书刊误》三十卷，同时"下国子监颁行"新的校本。不过这次新成的印本，只是"改旧摹本以从新校"，即依旧是在淳化旧书版上剜改错谬，并没有按照新改订的文本重刻书版（宋李焘《续资治通鉴长编》卷一一七"仁宗景祐二年九月壬辰"条。参据尾崎康《正史宋元版之研究》）。

由于除此之外《汉书》在北宋时期再别无刻本，这也就意味着北宋刊刻的《汉书》，只有一种在景德和景祐年间两度剜改修补过书版的淳化刻本，"传说"中的景祐刻本《汉书》只不过是淳化刻本的景祐改补本而已。

过去人们看到的最早刊印的《汉书》，是印入百衲本《二十四史》的那个本子。那个本子当时是被张元济先生认作北宋景祐刊本的，但后来人们认识到，其实际刻印成书，已是南宋初年（赵万里《中国版刻图录》之《目录》）。这个新的认识,是科学了,也是正确了,可北宋刻本的《汉书》到底是个什么样,从此也就再无从知晓了。

尽管地不爱宝,在考古学家和盗墓者的眼前,新奇的景象总是层出迭见,可即使是这样,人们要想看到一部完整的北宋刻本《汉书》再现于世,那可能性实在也太微乎其微了。全本的重出无由奢望,碎纸残片,偶然一遇,倒是可以想象的事情。这不,我随意翻检黑水城出土文献,就看到了下页这样一个已经严重缺损的页面——它只剩下皇皇一百卷《汉书》中某一页面的一角(似乎应属左上角)。

首先,这书避宋讳。大家看残页上"敬惮"一语的"敬"字,少了最后那一捺,就是以空阙末笔的形式来表达对宋太祖祖父赵敬的敬意。这是其版刻出自赵家人天下的确证。什么意思?——宋朝刻的书,被输入到西夏国治下今天我们称作黑水城遗址的那个地方。

西夏虽然也有雕版印刷,但史金波先生曾总结其整体发展状况说,目前所知所有可以确认为西夏本国所刻的汉文印本,其内容绝大部分都是佛经,"很少见到有世俗文献"。与此同时,西夏又从宋金输入许多汉文刻本,这表明"一些西夏境内需要的汉文书籍,以汉文化为主导的宋朝或金朝如果已经刻印,西夏就可以引进,而不一定需要自己重新开雕印刷。西夏文书籍则不然,非要在本国雕印不可"(史金波、雅森·吾守尔《中国活字印刷术的发明和早期传播》)。这宋刻本《汉书》,就是西夏大量输入的汉文书籍当中的一种,在当时是很平常的事情。

黑水城遗址出土北宋淳化刻后印本《汉书》残片
（据《俄藏黑水城文献⑤》）

黑水城遗址出土北宋刻本吕惠卿著《吕观文进庄子内篇义》
（据《俄藏黑水城文献①》）

黑水城遗址出土北宋仁宗时期刻本《广韵》
（据《俄藏黑水城文献①》）

其次，这幅残片雕印的内容，属于《汉书》卷六六《陈万年传》的一部分，同百衲本《二十四史》影印的所谓景祐本《汉书》相比，行款、字体都有很大差别，二者显然不是一回事儿。两相对照，我认为黑水城遗址出土的这个《汉书》残片，其版刻字体的风格，比百衲本《二十四史》影印的所谓景祐本《汉书》要更古拙；同时在我们已知的南宋刻本中也没有见到同样字体和行款的本子。这样一来，这个本子便只能属于北宋刻本了。

另外，这个残片虽然没有完整的一个字行，可是对照《汉书》其他版本，可以推知它应该是每半页13行，满行26字。对照北宋本《通典》的每半页15行，满行26字，还有北宋刻14行本《史记》的满行26字，可知这种每行26字的行款，也是北宋时期比较通行的一种版刻形式。再看它的欧体字，还有似乎是左右双边的边框，这些也都符合北宋官刻本的基本特征。

如前文所述，根据文献记载我们了解到的情况，是在整个北宋时期，《汉书》只有太宗淳化年间这一个刻本，直至仁宗景祐年间，书版经过剜改修补，仍在刷印。黑水城遗址出土的这个残片，版片泐损的痕迹相当明显，一些字迹已经邈遢难辨，这种晚刷后印的特征也同淳化本书版在北宋时期一直被长期沿用的情况相符。

基于上述情况，我判断，黑水城遗址出土的这个《汉书》残片，应该就是后印的淳化刻本。这个版本不仅比过去传说中那个所谓景祐本更早，而且还是《汉书》最早的刻本，是北宋

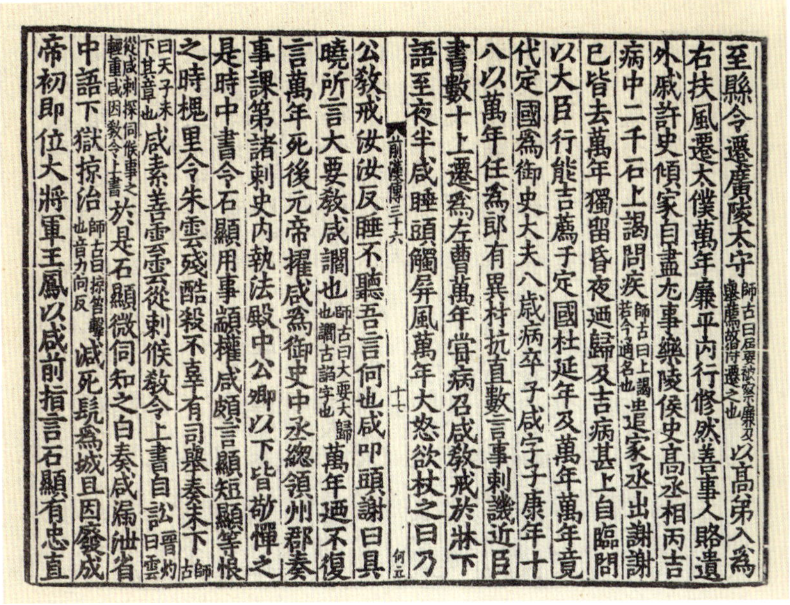

至縣令遷廣陵太守（師古曰居要欲察廉及舉薦故皆遷之也）以高弟入爲
右扶風遷太僕萬年廉平內行修然善事人賂遺
外戚許史傾家自盡尤事樂陵侯史高丞相丙吉
病中二千石上謁問疾（師古曰上謁若今通名也）遣家丞出謝謝
已皆去萬年獨留昏夜迺歸及吉病甚上自臨問
以大臣行能吉薦于定國杜延年及萬年萬年竟
代定國爲御史大夫八歲病卒子咸字子康年十
八以萬年任爲郎有異材抗直數言事刺譏近臣
書數十上遷爲左曹萬年嘗病召咸教戒於牀下
語至夜半咸睡頭觸屏風萬年大怒欲杖之曰乃

前漢傳三十六　十七　何立

公教戒汝汝反睡不聽吾言何也咸叩頭謝曰具
曉所言大要教咸讇也（師古曰大要大歸也讇古諂字也）萬年迺不復
言萬年死後元帝擢咸爲御史中丞總領州郡奏
事課第諸刺史內執法殿中公卿以下皆敬憚之
是時中書令石顯用事顓權咸頗言顯短顯等恨
之時槐里令朱雲殘酷殺不辜有司舉奏未下（師古曰天子未下其章也）咸素善雲雲從刺候教令上書自訟（晉灼曰雲從咸刺探伺候事之輕重咸因教令上書）於是石顯微伺知之白奏咸漏泄省
中語下獄掠治（師古曰掠笞擊也音力向反）減死髡爲城旦因廢咸
帝初即位大將軍王鳳以咸前指言石顯有忠直

百衲本《二十四史》影印所谓景祐本《汉书》中的相关页面

国子监较早刊刻的那一批正史之一。这不管是对版刻史研究，还是对《汉书》等正史版本的研究，价值可就太大了。

当然这只是我个人的看法，别人不一定这么看，我说的也不一定就对。假如这样的认识别人还没有讲过，而且我也碰巧说对了，那么，这也可以说是古代版刻研究史上一项比较重要的新发现（要是别人早就说过，当然谁说的就算谁的，现在检索这么便利，我想抢别人的东西也是抢不来的，只是太过慵懒，以致一味闭门造车而已）。当年我的老师黄永年先生在西安市文管会存放的一大堆古书零篇残片中发现一张元朝建阳书坊刊刻《新编红白蜘蛛小说》，让宋元版刻"小说话本"的面目重现人世，成为20世纪小说研究资料上的一项重大发现（黄永年《记元刻〈新编红白蜘蛛小说〉残页》，见《文史探微》）。这片淳化刻本《汉书》残片在版刻史上的研究价值，可以说是与之差相仿佛的。所谓"吉光片羽"，指的不就是这种东西吗？还有"窥一斑而知全豹"那句成语，若是用在版本学研究上，更能显出那一"斑"的代表性。

最后附带说一句，这宝贝现在保存在俄罗斯科学院东方研究所圣彼得堡分所。为啥？因为它是由那个国家一个叫作科兹洛夫的探险家发现的。

2020 年 9 月 21 日记

# 高眼看《高纪》

前此写《颜师古注的〈汉书〉叫什么名》那篇文稿，我在篇末写道："但愿正在重新修订的中华书局点校本能够改正这个明显的疏误。"这是希望此书的点校者和筹划、主持其事的出版商能够把卷首的"汉书叙例"改正为颜师古本人写下的"新注汉书叙例"。

其实说心里话，人家究竟怎么做，我是一点儿也不在意的。我研究历史问题，纯粹是个乐子，自己发现问题，还对付着提出了自以为是的解决方案，小心眼儿里有点儿自满，就得了。别人是不是采纳，是不是认同，以至看还是不看，都跟我没关系。

不过闲翻《国家图书馆宋元善本图录》，无意间又想到一个中华书局点校本或许可以改进的地方。当然这只是我自然而然生发的想法，抑制不住，并不是真的想让人家去改。

看这种《图录》，有一个很特别的效果，就那么一两页书影，你不能像读一本书那样通读其文字，于是很自然地会关注页面上的某些局部特征。当然古籍版本学本来就是所谓"书衣之学"，绝大多数研究者关注的就是古书的表面形态，根本不管它的内容；甚至连书籍本身的表面形态也不大在意，而是更多地瞩目于书页上钤盖的名家印章，全神贯注地审视其如何"流传有绪"。这像什么？我看这就是标准的古董商贩，这就是赏玩文物的古董藏家。在这些人眼里，古书就只是一种古董，一个玩物。

实际上，古籍所谓外在形态同它蕴含的内容，往往是无法清楚区分开来的。比如陈寿记载魏、吴、蜀三国历史的纪传体史书,就是大家现在熟知的《三国志》,它本来的名称是《国志》,这在明朝万历年间以前的刻本当中,是镌刻得清清楚楚、明明白白,没有任何不同形式的。可是,从明末到整个清代,一直到我对这一问题进行研究之前(拙文《陈寿〈三国志〉本名〈国志〉说》,收入敝人文集《祭獭食蹠》),却没有一个人注意到这明晃晃的事实。这意味着什么?意味着人们只是把眼前明晃晃的"国志"二字看作一个无关紧要的"形式"问题。大概很多学者都以为这不过是"三国志"的一种略写而已,所以从来没有人对此稍予关注。

这一事例告诉我们,悉心观察古代典籍早期刻本那些从表面上看似乎是属于外在形式的特征,也许会帮助我们认识这些古籍很多内在的性质,至少这往往会涉及很多古代典籍的原始面貌问题。现在有那么多历史文献学专家或者说古文献学专家,整天忙于校勘古籍,不就是要复原古书旧貌吗?这样看来,那些在很多历史文献学者或古文献学者看来无关紧要的似乎只是某种形式差异的乏味要素,实际上却会具有很重要的历史价值。

现在,引起我关注的是,《图录》中的第0375号藏品"北宋刻递修本"《汉书》。这个本子,应该就是百衲本《二十四史》影印的那部瞿氏铁琴铜剑楼旧藏本。这书,我过去翻阅过很多次,但都是只看其内部的文字差异而从来没有关注它外在形式上的特点。

高眼看《高纪》

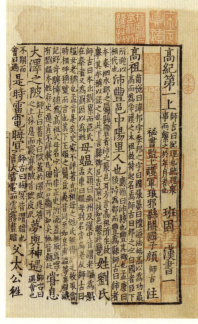

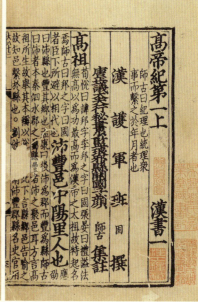

《国家图书馆宋元善本图录》
第 0375 号藏品
所谓景祐本《汉书》

《国家图书馆宋元善本图录》
第 0377 号藏品
白鹭洲书院刻本《汉书》

现在请大家和我一起看上页左侧这幅图片，看看它有什么不一样的地方？若是一下子没看出来，那么，就对比右侧那一幅同样属于《汉书》首卷首页的图片，比较一下这两幅图片最显著的不同是什么。右侧的这幅图片，是《图录》第0377号藏品嘉定十七年（1224）白鹭洲书院刻本《汉书》（案：此白鹭洲书院本应属元刻本）。

其实这个差别很明显，所谓景祐本的篇题是"高纪"，而白鹭洲书院本是读过当今通行的中华书局本《汉书》或是看过一些汉史研究著述的人都很熟悉的"高帝纪"。也许有人会想，这是不是一个雕刻书版过程中偶然产生的疏忽，以致少刻了一个"帝"字？情况并不是这样。因为翻检百衲本《二十四史》中影印的这个本子的《汉书》，我们看到了更多同样的情况——西汉帝后十二本纪中除了《高后纪》之外的所有十一个皇帝的本纪都是这样。

那么，这是不是一种省略的表述形式呢？就是说是不是有意省略掉了表述各个皇帝身份的这个"帝"字呢？这也是不可能的。

事实上，看待这个问题，我们需要放宽一些眼界，以便往前看得远些。这需要首先从中国古代典籍的演变历史着眼，先来了解一下古书卷端题名究竟意味着什么。

从古书产生和发展的过程看，往往是先有篇名，后有书名，而且篇名和书名最初也都并未书写于著述之中。后来演变到把篇名和书名书写于著述前面，也是先写入篇名，后写入书

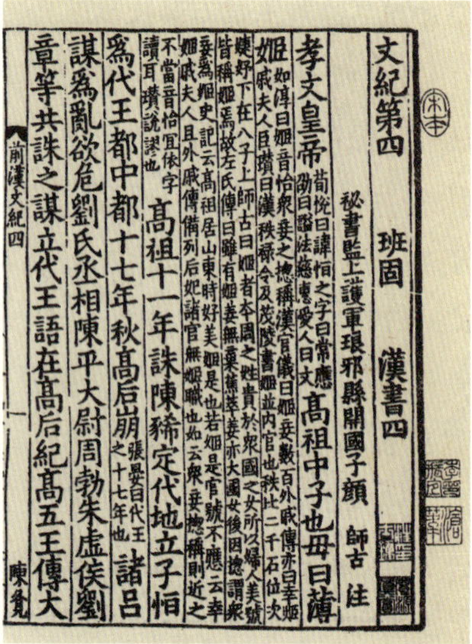
文紀第四　班固　漢書四

秘書監上護軍琅邪縣開國子顔師古注

孝文皇帝（荀悦曰諱恒之字曰常應劭曰謚法慈惠愛人曰文）高祖中子也母曰薄姬（如淳曰姬音怡衆妾之揔稱漢官儀曰姬妾數百外戚傳亦曰幸姬戚夫人臣瓚曰漢秩祿令及茂陵書姬並內官也秩比二千石位次婕妤下在八子上師古曰姬者本周之姓貴於衆國之女所以婦人美號皆稱姬焉故左氏傳曰雖有姬姜無棄蕉萃姜亦大國女後因總謂衆妾爲姬史記云高祖居山東時好美姬是也若姬是官號不應云幸姬戚夫人且外戚傳備列后妃諸官無姬職也如云衆妾揔稱則近之不當音怡宜依字讀耳瓚說謬也）高祖十一年誅陳豨定代地立子恒爲代王都中都十七年秋高后崩（張晏曰代王之十七年也）諸呂謀爲亂欲危劉氏丞相陳平大尉周勃朱虚侯劉章等共誅之謀立代王語在高后紀高五王傳大

前漢文紀四　一　陳覺

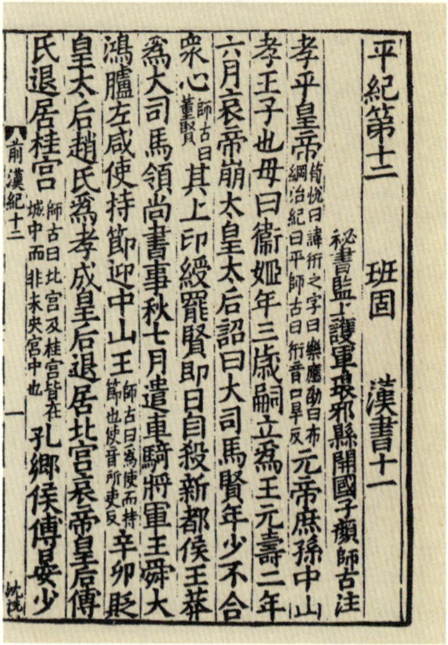
平紀第十二　班固　漢書十一

秘書監上護軍琅邪縣開國子顔師古注

孝平皇帝（荀悦曰諱衎之字曰樂應劭曰布綱治紀曰平師古曰衎音口旱反）元帝庶孫中山孝王子也母曰衛姬年三歲嗣立爲王元壽二年六月哀帝崩太皇太后詔曰大司馬賢年少不合衆心（師古曰董賢）其上印綬罷賢即日自殺新都侯王莽爲大司馬領尚書事秋七月遣車騎將軍王舜大鴻臚左咸使持節迎中山王（師古曰爲使而持節也使音所吏反）辛卯貶皇太后趙氏爲孝成皇后退居北宮哀帝皇后傅氏退居桂宮（師古曰北宮及桂宮皆在城中而非未央宮中也）孔鄉侯傅晏少

前漢紀十二　一

百衲本《二十四史》影印所谓景祐本《汉书》

名。这样，先写入书中的篇名就被写到了每一卷第一行最靠上头的显眼位置上，后写入的书名只好屈居其下，被写到了靠下头的地方。这就是专家们在讲述早期古籍版本形态时常常念叨的"小题在上，大题在下"那两句话。这里所说的"小题"是指篇名，"大题"就是书名。

这种"小题在上，大题在下"的形式，随着历史的发展产生了变化，但不同性质的书籍，其变化的进程是有所差异的，其中史书里像《史记》《汉书》这样的正史，相对比较滞后，或者说其保持旧貌的时间是比较长的。唐代初年人孔颖达就以《汉书》为例，讲述了这一古书通例（孔颖达《毛诗注疏》卷一）。直至宋元时期刊刻前代正史，仍旧保持着这样的体式，或者说一直稳定地保持着古书的旧貌（包括所谓景祐刻本在内的所有宋元本《汉书》都是这样）。

这告诉我们什么？它告诉我们一定要充分注意古代典籍早期传本在每一卷卷端所题写的篇名和书名，它是有来头的，很可能自古以来就是那个样子。

这样我们再考虑到所谓景祐本《汉书》是直接沿承北宋国子监刻本的官刻之书（这有其卷末附镌的景祐二年秘书丞余靖上言为证），这"高纪"之类的帝纪篇名，就很可能承自班固原书。

其实清人王念孙在《读书杂志》中专门考述过这个问题，述云：

高眼看《高纪》

高帝纪第一。念孙案：宋景祐监本无"帝"字，下文"惠帝纪"至"平帝纪"亦皆无"帝"字。景祐本是也。《叙传》云"述高纪第一"，下至"述平纪第十二"，皆无"帝"字。又《项籍传》云"语在《高纪》"〔他篇言"语在某纪"者并同〕，师古注《惠纪》云"解在《高纪》"〔他篇注言"解在某纪"者并同〕，皆其证。(《读书杂志》卷四)

《叙传》是班固《汉书》里的最后一篇，王念孙这是用班固自己在《汉书·叙传》里的说法来证明所谓景祐本的帝纪但云"某纪"而不加"帝"字的合理性，认为这就应该是班固自己的写法。然后，再用颜师古《汉书》注的说法来证明唐初通行的写本就是这个样子。

这样，关于这一问题的结论，就是宋代以来其他版本（如前面举述的白鹭洲书院刻本）"高帝纪"之类的形式，俱属衍增，理应删去各个帝纪篇题中的"帝"字，改回所谓景祐本的状态，徒云"某纪"。王念孙在《读书杂志》中实际采用的《汉书》帝纪篇名，就是《高纪》《惠纪》《文纪》等这样的形式。

现在通行的中华书局点校本《汉书》，并没有采纳王念孙的见解，而且也根本没给出个注来说明一下所谓景祐本的情况。由于中华书局点校本的底本亦即王先谦的《汉书补注》本来迻录有王念孙上述看法，东西就放在眼前，用不着另行花费什么功夫，所以这未免让人有些遗憾。不过要是真的按王念孙

清嘉庆原刻本《读书杂志》

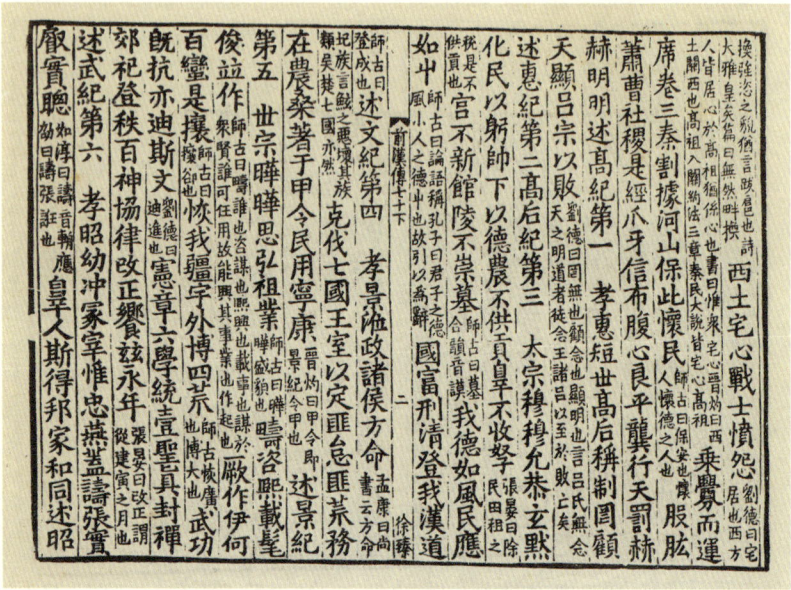


百衲本《二十四史》影印所谓景祐本《汉书》

说的那样改了,很多读者也会觉得很别扭。因为很久以来人们就一直"高帝纪""文帝纪""武帝纪"地叫着,古今著述大多也都是这么称述,骤然改了,怎么着都不顺畅。

其实这倒大可不必担心,很多古书的实际名称同世人的通行叫法一直就不统一,人们习惯怎么叫,尽可继续叫。然而我们校勘古书的文本,其核心目的就是尽可能地恢复古书原貌(而不是一定要把原书的错误内容和文字改对了,这是作者的秘书或助手的职责),所以,还是前边讲过的那句话,作为一种自然反应,我还是希望中华书局正在重新修订的《二十四史》,能够把它改过来。

至于班固为什么不称"某帝纪"而但名"某纪",譬如不称"高帝纪"而但名"高纪",史阙有间,这实在无从揣测;至少我是找不到一丁点儿头绪来做解释。假如一定要强自做一下尝试的话,我想如何处理"高祖"的问题,或许是一项可以考虑的原因。虽然这想法既不成熟,更不靠谱儿,可反正在这里就是随便漫谈,也不妨姑妄言之。

《史记》列有《高祖本纪》载述刘邦一朝史事,可是这"高祖"实在是个莫名其妙的称谓,与它密切相关的,还有一个"高皇帝"。这个"高皇帝",省称就是"高帝",实际上在刘邦去世之后,西汉人通常正是这样来称呼他。那为什么司马迁不把这篇本纪名为"高帝本纪"而称作"高祖本纪"?

汉廷后来给刘邦定的庙号是"太祖",可是他刚刚去世,群臣即"上尊号为高皇帝"(《史记·高祖本纪》)。这个"尊号"是什么意思,为什么人都死了还要定个"尊号"?《史记》旧有的三家注一家也不解释。是大家都懂了不用解释了吗?我看恰恰相反,其实裴骃、司马贞和张守节这三家之中哪一家都没有弄明白,于是统统缄默不语。不说,是因为不懂说不出话来,而不是谁都懂得不需要再说。

唐人颜师古注《汉书》,重在文字训诂,有这么奇怪的问题摆在那里,对这个"高皇帝"之"高"到底是从哪里看过来才会有这种感觉,他也不大好回避,于是强自解释说:"尊号,谥也。"也就是说,他认为"高皇帝"这个"尊号"实际上就是个谥号。

可这就不是简单的文字训诂问题了。因为谥号不是随随便便定的,不能谁想用个啥字儿就用啥字儿。当时人定立谥号,遵循的只能是所谓"周公谥法",这就是《逸周书·谥法篇》里讲述那套东西(这《逸周书·谥法篇》,唐人张守节的《史记正义》抄录过,因而中华书局点校本《史记》也就把它附在了后面)。曹魏时人张晏早就说过:"《谥法》无'高'。"(《汉书·高帝纪》颜师古注引)虽然张晏这话是针对"高祖"之"高"讲的,不是直接针对"高皇帝"而发,但对我们理解"高皇帝"这一称号的性质仍很重要——既然《谥法篇》里面就没有定出"高"这个字儿,这"高皇帝"也就当然不可能是个谥号。

遗憾的是,张晏指出的这一显而易见的事实,后人多忽略未予注意,其中如宋人魏了翁,甚至干脆把颜师古的解释,当作班固的记述，径云汉人对刘邦"谥曰高皇帝"（魏了翁《古今考》卷一"高帝纪"条）。宋末人王应麟著《困学纪闻》，考史论事，以博雅深邃著称，亦同样轻率附从于颜师古之后，谓西汉群臣给高祖上"尊号"事乃"谥议之始也"（《困学纪闻》卷一二《考史》），竟把这事儿看作古人谥号行用方式上的一个转折性事件，错谬尤甚。

若谓"高皇帝"并非谥号，那么，它又是个什么名号呢？还是让我们来看一下《史记·高祖本纪》的原始记载，看看当时是怎么定下这个名号的：

> （高祖十二年）四月甲辰，高祖崩长乐宫……
> 　丙寅，葬。己巳，立太子，至太上皇庙。群臣皆曰："高祖起微细，拨乱世反之正，平定天下，为汉太祖，功最高。"上尊号为高皇帝。太子袭号为皇帝，孝惠帝也。令郡国诸侯各立高祖庙，以岁时祠。

对这段记载，首先要做一个文字的订定，这就是不管怎么理解"高祖"的含义，"高祖起细微"的"高祖"都肯定有误，即在"高皇帝"这个谥号没有定立之前，汉廷臣子们绝不会有这样的叫法，《汉书·高帝纪》载同事记作"帝起细微"，当近于史实。另外，上面引文的第二段非常重要，即"令郡国诸侯各立高祖庙"这句话，对我们合理理解"高祖"这一称号的含义具有重要意义，但这里姑且按下不表，稍后再具体解说。

这段引文中"群臣皆曰"那些话,是朝廷决定"上尊号为高皇帝"的前提条件,所谓"功最高"是授予刘邦"高皇帝"这一名号的具体缘由,而经其"拨乱世反之正,平定天下"并最终"为汉太祖",就是这最高之功的实际体现。那么,核心的原因是什么呢?——是刘邦成为汉之太祖;换句话说,也就是开国君主。

在这里还需要说明一下,前面我已经谈到,"太祖"是汉廷后来给刘邦定立的庙号,但汉廷群臣这时所说的"太祖"却不是刘邦的庙号,只是开国皇帝的意思。这是因为"太祖"这一庙号是在景帝时期才设定的,《史记·孝文本纪》篇末明确记云:

> (景帝元年十月)丞相臣(申屠)嘉等言:"陛下永思孝道,立昭德之舞以明孝文皇帝之盛德,皆臣嘉等愚所不及。臣谨议:世功莫大于高皇帝,德莫盛于孝文皇帝,高皇庙宜为帝者太祖之庙,孝文皇帝庙宜为帝者太宗之庙。天子宜世世献祖宗之庙。郡国诸侯宜各为孝文皇帝立太宗之庙。诸侯王列侯使者侍祠,天子岁献祖宗之庙。请著之竹帛,宣布天下。"制曰:"可。"

汉家祖宗之庙定立过程如此,足以确认刘邦"为汉太祖"之功,也就是成为汉朝之开国皇帝。

不过一提"开国皇帝"这四个字儿,就让我联想到字面儿上和它一模一样的"始皇帝"那个称号。那么,"始皇帝"这一称号的实质是什么？我在《生死秦始皇》一书中讲到过它，后来又做过一次专题讲演，进一步阐述我的看法。我这篇讲演稿的题目是"谈谈'始皇帝'的谥号性质"（此稿收入拙作《辛德勇读书随笔集》之《正史与小说》分册），已经亮出来了敝人的结论，即"始皇帝"是一个具有谥号性质的称号，秦君赵正创制这一名号，就是用以取代西周以来通行的谥号制度，免得他在去世之后遭遇"子议父，臣议君"的尴尬处境（《史记·秦始皇本纪》），亦即免得被朝中大臣和亲生儿子给自己定下一个"恶谥"，而且后世子孙可以一直这样"二世皇帝""三世皇帝"以至"万世皇帝"地持续叫下去。简单，清楚，还很省事儿。

不管怎么说，这都是与大秦帝国相伴而生的一项重要的制度创建。盖"皇帝"乃横空出世，前所未有，包括像"始皇帝"名号在内的各项礼制，当然都要由秦帝自我创制。汉承秦制，几乎各个方面的制度都是直接由秦制衍生而来；特别是汉朝的礼制建设，最初都是由故秦博士叔孙通一手操持，即司马迁所说"叔孙通定礼仪"者（《史记·太史公自序》）。叔孙通掌握的这些皇帝的礼仪制度，当然主要来自秦朝。

我们若是仅仅向下看，那么，看上引景帝时期申屠嘉等将"高皇庙"与"孝文皇帝庙"并称的说法，这"高皇帝"一称确实很像是同"孝文皇帝"一样的谥号，可若是抬起眼皮来向上就会看到，这"高皇帝"同"始皇帝"那个名号似乎也具有某种相似性。

我说"高皇帝"同"始皇帝"具有某种相似性,主要是考虑这"高""始"二字都不是出自《谥法》;也就是说,"高皇帝"一称同样是避开了"子议父,臣议君"的窘境,刘邦下葬后群臣所论,不过是专门给他评功摆好而已,它的评判指向是事先预定的,只能指向正方向,而不是按照《谥法》所定"谥者行之迹"的原则或褒或贬,如实评定刘邦一生的功过是非。在我看来,这才是"高皇帝"一称的实质。通观秦汉之际历史演变的轨迹,我只能这样看。

正因为"高皇帝"之"高"本来就不是谥号意义的名号,只是称功颂德的牌坊,所以《史记·高祖本纪》才会把它说成是一种"尊号",这与所谓"谥号"当然具有本质性差异。颜师古硬要把这个"尊"字理解为"谥",可以说是毫无道理的。

现在让我们回过头来,再来看《史记·高祖本纪》中惠帝即位后随即"令郡国诸侯各立高祖庙"那句话。请大家注意,这是汉廷刚刚议决给死去的刘邦"上尊号为高皇帝"之后紧接着发生的事儿。按照史事发生的时间次序来说,是"高祖"一称始见于史之时,所以"高祖庙"中那个"高"字只能是承此"高皇帝"而来,这就直接触及"高祖"一称的来源问题了。

从前文引述的申屠嘉等人奏语可知,这时汉廷还没有给刘邦定立庙号,所以这个"高祖"不会是庙号。既没有谥号,也不是庙号,那还能是个什么名号呢?前面提到过的那个张晏解释说:"以为功最高而为汉帝之太祖,故特起名焉。"(《汉书·高帝纪》颜师古注引)在我看来,这个说法并不正确,可它为我们准确理解"高祖"一语的含义，指出了一条比较合理的路径。

我说这条路径比较合理，就在于张晏放弃了谥号或庙号的思考，把它看作一种特殊的称号，即所谓"特起名焉"。至于汉廷"特起名焉"的具体缘由，我认为张晏讲对了一半，另一半还不够妥当。

张晏讲对的这一半，是"高祖"的"祖"字源自刘邦为汉朝"太祖"。申屠嘉讲的话已经明确无误地告诉我们，这时刘邦还没有庙号，因而若谓他这个人是"汉帝之太祖"，那么，这个"太祖"只是个一般意义的语辞，而不是专用的特称。我同意张晏这一说法，就是把这个"太祖"理解为汉朝开国之祖。班固在《汉书·叙传》述及刘邦一朝时所说"皇矣汉祖"的"祖"字，实际上也是同样的意思。

"高祖"一称的另一半，也就是那个"高"字，张晏解作"为功最高"，我觉得很不妥当。我认为，这不是因为刘邦开国功高，而是源自他那个"尊号"，也就是得自"高皇帝"的"高"字。看一下当时的实际情况，大家就很容易明白，正是由于当时既没有庙号，又没有谥号，臣子们才在刚刚安葬刘邦之后特别推上这个"尊号"，用以称谓先帝。不然的话，那又怎么个叫法呢？

前文所见申屠嘉的奏语，就是直接以这个"高皇帝"来称谓刘邦，但"高皇帝"这一名号不足以清楚体现刘邦开国皇帝的地位，于是就另行以"高皇帝"之"高"与体现开国之君的

"祖"字相组合——这就是"高祖"这一名号的由来。如谓不然，请看文帝朝诸臣在劝谏刘恒早立太子时讲的这样一段话：

> 豫建太子，所以重宗庙社稷，不忘天下也……古者殷周有国，治安皆千余岁，古之有天下者莫长焉，用此道也。立嗣必子，所从来远矣。高帝亲率士大夫，始平天下，建诸侯，为帝者太祖。诸侯王及列侯始受国者皆亦为其国祖。子孙继嗣，世世弗绝，天下之大义也，故高帝设之以抚海内。（《史记·孝文本纪》）

这里的"为帝者太祖"，同样是言之于刘邦未有庙号之时，就是张晏所说"为汉帝之太祖"，也就应该是"高祖"之"祖"。

梳理上述情况可以看出，"高祖"这一称谓，在刘邦甫一下葬，即随着"高皇帝"这一尊号的定立而产生了，而这显然是大汉臣民对刘邦的一种尊称。史籍所见第一次用这个"尊号"来称谓朝廷所设与刘邦相关的建置，就是用它来指称祭祀刘邦的庙宇——高祖庙。

如上所述，"高祖"是由"高皇帝"这个"尊号"衍生出来的一个对刘邦的尊称，而"高皇帝"这一死后"尊号"的产生，乃是秦汉历史变迁过程中一个十分值得注意的历史现象。

前已述及，在制定这一"尊号"的过程中，曾经因帮助刘邦制礼作乐而被擢任为太常的叔孙通，一定发挥了核心的作用，而这位叔孙通帮助刘邦制礼作乐的资本，主要就是他在秦朝修习和掌握的礼乐制度，因而他变换秦朝的"始皇帝"而给刘邦定下"高皇帝"这一尊号，可以说是一种很自然的过渡。

"高皇帝"这一"尊号"最本质的特性是它对谥号的替代，而谥号制度乃是约束帝王行为的重要手段。若是失去谥号的约束，君主们就全不顾忌身后的声名，行为愈加肆无忌惮。长此以往，必然会给整个社会造成严重危害。

所以，当大汉帝国运行一段时间之后，就又恢复了西周以来的谥号制度。《史记·刘敬叔孙通列传》称："高祖崩，孝惠即位，乃谓叔孙生曰：'先帝园陵寝庙，群臣莫习。'徙为太常，定宗庙仪法。及稍定汉诸仪法，皆叔孙生为太常所论箸也。"应该就是在这一期间，叔孙通为汉朝设置了新的谥号制度，因而接下来我们就看到了孝惠、孝文、孝景、孝武等一系列西汉诸帝的谥号（案：《史记·孝文本纪》记云文帝崩，"群臣皆顿首上尊号曰孝文皇帝"，但这只是在形式上延续了刘邦所谓"尊号"的旧称，实质上已是按照《谥法》确定的谥号）。这是汉朝礼制史上的一项重大事件，应当予以高度重视。值得注意的是，与《谥法》的定制相比，西汉的谥号制度也有所变化，这就是特别强调"孝"这一观念，故在具体的谥字之前都要冠一个"孝"字。

不过这一制度变动，好像也给班固撰著《汉书》带来了不大不小的麻烦。这就是帝纪的篇名，难以统一。《史记》是一部通史，其本纪从黄帝写到西汉武帝，篇名不必统一，而且也无法统一，所以既可以有使用非正式尊称的《高祖本纪》，也可以有《孝文本纪》《孝景本纪》，还有《今上本纪》，形式参差错落，没有什么关系。可《汉书》是有汉一朝的断代史，皇帝之中除了吕后，都是一家天子，所以班固显然想要采用统一的形式来确定这些帝纪的篇名，如前所述，这便是《高纪》《惠纪》《文纪》《景纪》等。

那么，为什么不能写作《高帝纪》《惠帝纪》《文帝纪》《景帝纪》这样的形式呢？这只能是因为"高帝"是所谓"尊号"而不是惠帝、文帝、景帝等那样的谥号，在内在实质上统一不到一起去，表面上看似整齐划一了，实际上反而会彰显其间的差异（若像《史记》一样写作《高祖纪》会显得更不地道）；甚至更有可能的是班固也弄不清楚这"高皇帝"到底指的是什么，只是觉得这个名号很不对劲儿，当然要是写成"高祖"就更不对劲儿了，跟下边的惠帝、文帝等不好往一起配。这样，就写成了《高纪》《惠纪》《文纪》《景纪》等这样的形式。这虽然有点儿像掩耳盗铃，可你看看"中研院史语所"之类的写法，也许会觉得有那么几分道理。

当然，不管怎么说，还是我在前面提出这一问题时所讲的那句话，不过是因为觉得像《高纪》《惠纪》《文纪》《武纪》这样的篇名实在太过奇怪（要是你觉得这也没啥奇怪的，就自己动脑筋琢磨琢磨：若是望文生义，单看到《景纪》这名目，你会怎样想？不过这问题不是很大，可能只是想到要穿越回去看看大汉的风景。可看到《哀纪》呢，这就实在不大好多想了），想不通是什么道理，一时兴起，姑妄言之而已。

其实念古书做历史研究，广见博闻虽然是最重要的基础，甚至可以说是必备的先行条件，但这还只是治学之路的入口，而不是它的出口。那么，出口在哪里呢？它是在研究者的"见识"之处，这就是你有没有敏锐的眼光发现问题，并且有没有相应的能力去解析问题。

要真的顺着《高纪》这个篇名较真儿看下去，有一个问题倒是可以稍微认真讨论一下：不管是像《高纪》那样叫"某纪"，还是像现在通行的中华书局点校本这样标记为诸如《高帝纪》的形式，大家是不是注意过，这二者之间有没有什么共同的特征？其实这个值得关注的问题是一目了然的——它们都只有一个"纪"字，而不是像《史记》那样称作"某本纪"。

关于这个"纪"字的含义，唐朝初年人颜师古在注释《汉书》时就做过专门的探讨，这也可以说是他注释《汉书》的开篇第一条释文，大家可以很直观地从前面的图片中看到它的内容。颜氏乃释之曰：

> 纪，理也，统理众事而系之于年月者也。

到清末王先谦做《汉书补注》，又对这个"纪"字进一步解释说：

> 王先慎曰：《说文》"统"下云"纪也"，"纪"下云"丝别也"。凡丝必有端，别者，寻其端，故为纪。《淮

南·泰族训》云:"茧之性为丝,然非得女工煮以热汤而抽其统纪,则不能成丝。"《礼器》郑注云"纪者,丝缕之数有纪"也。此"纪"字本义,引申之为凡事统纪之称。《史记》称"本纪",班《书》单用"纪"字,皆每帝事实分别统纪之意,颜说非。(王先谦《汉书补注》卷一)

这一大段话,从表面上看,论证好像很复杂,可我怎么看也没看出来其结论同颜师古的说法有什么不同;甚至还不如颜师古说得更清楚,更具体,也更能切入其内在实质。真正有价值的考据,并不是像这样胡乱堆砌材料,但清人所谓考据,大多数也就这个样子,能做到钱大昕、王念孙那个程度的,毕竟是凤毛麟角。这王先慎是王先谦的堂弟,感觉王先谦好像是硬要往上抄录自家老弟的糊涂说法。我把它原文转抄到这里,只是想让大家明白这绕来绕去的基本上都是废话,别有谁看到我在谈论这个问题就再去琢磨它就是了。

我说颜师古对"纪"的解释比王先谦、王先慎兄弟讲得好,首先是他没有谈什么帝不帝的,只是讲"纪"字"统理众事"的语义。这一点,看一看《史记》和《汉书》这两部书"纪"的设置就明白了:在《史记》中,周的君主只称王,不称帝,秦人在始皇帝之前也不称帝,项羽更只是所谓"西楚霸王"(具体论讨,见本文作者《世间本无"西楚霸王"》,载《澎湃新闻·翻书党》2021年3月25日)——编者注。若是再仔细区分,秦始皇、秦二世以及西汉的皇帝同五帝以至殷商诸帝还是有很大区别的。《汉书》的"纪"看似单纯，但也有不是皇帝的《高后纪》。所以，王先慎的"每帝事实分别统纪之意"显然并不符合实际。其次是颜师古说所谓"统理众事"的具体处置办法是"系之于年月"，这非常清楚地讲述了"纪"在形式上的一项突出特征，即逐时列置史事，而王先慎却根本没有谈及这一点。

至于王先谦、王先慎所说《汉书》中作为篇名的"某纪"之"纪"是由"纪"字本义而"引申之为凡事统纪之称"，这本是颜师古训释此字不言自明的前提，王氏兄弟并没有提出什么超越颜师古的见解。

单纯就对"纪"的训释这一点而言，颜师古的解说确实很好（它究竟好在哪里，且待我下文再表），可在另一方面，颜氏对我在这里所要讨论的核心问题，也就是"本纪"的"本"字是什么意思，却未著一语。

为什么会是这样？因为颜师古是在注《汉书》，而《汉书》里边没这个字儿。我们每一个人的著述、这世上每一种著述，都有其自身的侧重点。作为一位重在文字训诂的注释者，颜师古这样做，并没有什么问题。然而，若是追根溯源，像《高纪》这样"某纪"的"纪"字，并不像王先慎所讲的那样，是自然而然地由蚕丝之端"引申之为凡事统纪"的。想要了解它的来路并不困难，只要对比一下《汉书》脱胎而出的《史记》。历史的真相，本来是一目了然的——《汉书》之"纪"的前身乃是《史记》的"本纪"。这不需要任何专家来做研究，也不需要观察者有什么学问。只要睁开眼睛，对比一下，是谁都看得到的。

在颜师古之后，开元年间人司马贞，在注释《史记》时解释了这一词语：

> 纪者，记也。本其事而记之，故曰本纪。(《史记·五帝本纪》之《索隐》)

这是把"本纪"的"本"字解释成"根据""依据"或者"遵循"的意思，即依循史事而为之记。比司马贞稍晚一点儿，张守节在撰著《史记正义》时，却又倒转过来，把这个"本"看作是"纪"的对象，或者说是所"纪"对象的一种特性：

> 本者，系其本系，故曰本。(《史记·五帝本纪》之《正义》)

用一句不够贴切的大白话来讲，这个"本系"也可以说是一个时代历史发展的基本脉络。在我看来，这就比较接近事实的真相了。

前面我讲颜师古说的"统理众事而系之于年月者也"这句话比王先谦、王先慎兄弟解释得要好，是因为他抓住了"纪"这种体裁在形式上最基本的特征，这样的解释好就好在它引导着我去考察中国古代史学著述体裁的演进历程。

像这样"统理众事而系之于年月"的史书,实乃古已有之,稍习古代史籍者一下子就会想到《左传》和它所依傍的《春秋》,还有西晋时期出土的《竹书纪年》。虽然《春秋》和《左传》后来随着儒家地位的提升而被尊奉为代表官家意识形态的"经"和"传",但它本来只是朴实的编年体史书,《竹书纪年》同样如此。

回顾中国古代史书的撰著形式,这类编年体史书是绝对的主体。其他像"国语"这类的"语体"著述,与《春秋》和《左传》这样的编年体史书相比,就居于很次要、很辅助的地位了。在这一背景之下,司马迁创建了《史记》这一纪传体史书。

所谓纪传体史书,其主体构成部分,最重要的就是"本纪"和"列传",除此之外,还有"书"和"表"。这里的"书",后代一般称为"志"。其中"表"是以表格的形式载录那些时间次序参差错落的同类事项,也可以说是逐时载录一些比较特别的事项,是一种比较特殊的技术性安排;"书"(志)则是分门别类地载述各种典章制度,这一名称很容易让我们联想到《尚书》,它与《尚书》中某些篇章的性质显然具有密切关联,或者说二者之间具有直接的承续关系,譬如《禹贡》。不过后世模仿其体例的著述,并不都有"表"、"书"(志)之类的项目,这就凸显"本纪"和"列传"在纪传体史书中更为核心,也更为重要。

《史记》中还列有一种"世家",其性质大体介于"本纪"和"列传"之间,也可以说更像是一种性质比较特别的"列传",这里不做详细论说。但有一点是需要强调说明的,那就是司马迁清楚地讲述这些"世家"所载述的都是所谓"辅拂股肱之臣",这些人物,就像布列于北辰四周的二十八宿和朝向车毂的三十根车辐条一样,围绕着"本纪"这个中心,"运行无穷",且理应"忠信行道,以奉主上"(《史记·太史公自序》)。一句话,"世家"是"本纪"的辅助构件。

如果像上面讲的那样,把"世家"看作一种性质比较特别的人物"列传",那么,"列传"的独特性就非常强烈地呈现在我们的面前——到目前为止,已经知晓很多种类的早期历史著述,但在司马迁撰写《史记》之前,不管是在传世文献当中,还是在新发现的出土文献当中,我们还都没有看到人物传记这样的形式。这意味着什么?这意味着人物传记,也就是《史记》中这些"列传",是司马迁的一大创建,它体现了司马迁对个人命运的深切关怀。这种关怀,只要读过《史记》的人,心中都会有强烈的印象。

谁都知道《史记》这种纪传体史书是由司马迁创建的,可我认为"列传"的设置才是其中最具有核心价值和实质性意义的伟大创举。这样看,就是因为纪传体史书中"本纪"的部分,不过是对《春秋》和《左传》这类编年史的一种简单继承,"列传"才是司马迁推给世人的新型著述;若是转换一个角度看,从其产生的时间顺序,也可以说"列传"是在"本纪"之上衍生出来的一种新的著述体裁。

那么,我想说明什么呢?我是想说,充分关注《史记》各个构成部分的内在联系,或许有助于我们更好地认识所谓"本纪"的含义到底是什么。具体的考察办法,就是把"本纪"和"列传"对着看。

司马迁《史记》当中这些"列传",到了班固的《汉书》里边,也被省掉一个"列"字,单名称"传"。对"列传"之"列"的含义,司马贞解释说,是指"叙列人臣事迹",即大致可以理解为陈述的意思;张守节则不认同这种看法,乃谓"其人行迹可序列,故云列传",这是说"列"是指有事可以陈述(《史记·伯夷列传》之《正义》)。二者相同之处,是都把"列"字理解为"陈述"之义,区别只是一个作动词用,就是陈述其事;另一个是作形容词用,描摹其事堪以陈述。这两种说法,我看着都很别扭,因为按照这两种说法,司马迁写下的都是叠床架屋的表述形式,所以哪个都讲不通。

若是按照我刚才讲的思路,把"本纪"和"列传"对着看,这本来应该是个十分简单明了的事儿。我们看"经纪"一词的"纲常""法度"语义就很好理解,在这一层语义上"经""纪"二字不过是同义叠加,而这又都与"统理众事"之义相通。

由此推衍,"本纪"的"纪"乃犹如"经书"的"经",只不过在司马迁写《史记》的年代,所谓"经书"早已被推上崇高的地位,因而他不便那么狂妄地用"经"字命名,所以才选用了"纪"字。刘知幾在《史通·本纪篇》里说"纪之为体,犹《春秋》之经,系日月以成岁时",就是具体地落实了"本

高眼看《高纪》

纪"源出的经书。有了这个被称作"纪"的"经",就还需要有"传"。我们看《春秋》是经,《春秋》的纪事方法,便是颜师古所说"统理众事而系之于年月者也"。那为什么还要有"传",因为"经"之所以能够"统理众事",就在于这种编年的形式决定了它只能举其大纲,而"传"就是给这大纲补充细节。所以,司马迁既写"纪"又写"传",以这两种体裁并举,仅看形式,还算不上是很特别的创举,太史公的独特创举在于他把《左传》式的随"经"陈"事"之"传",改变为以个人行事为核心,以那些代表性人物的具体经历来丰富"纪"的内容,补充"纪"的内容。

以这样的眼光来认识"传"的性质,我们就会发现,其事就连它的名目都一变未变。这是因为"传"没有"经"那么高的地位,司马迁用不着故作谦虚躲着它,是可以直接拿过来就用的。

在另一方面,就古代各类著述的早期发展状况而言,在司马迁之前,还有一种看起来并非史书的著述,应该对《史记》的撰著具有重大影响——这就是吕不韦指令门下"智略士"写下的《吕氏春秋》。

我们都知道,《春秋》本来只是一部编年史,是部史书,然而《吕氏春秋》并不是史书,从《汉书·艺文志》起就把它列在子书杂家类里。那它为什么会挂上"春秋"这一名目呢?司马迁以为,缘于其书乃"删拾《春秋》,集六国时事"而成(《史记·十二诸侯年表》),但在我看来,这是因为它有一个

孫弘敬諾公孫弘可謂不侵矣耶王大王也孟嘗君
千乘也立千乘之義而不可凌侮可謂士矣孔子曰
方不屈君命可謂士矣此之謂也

序意 廉孝一作

維秦八年歲在涒灘申名涒灘涒大也灘循也萬物皆大循其情性也秋甲子朔朔之日良人請問十二紀于也文信侯曰嘗得學黃帝之所以誨顓頊矣爰有大圜在上大矩在下汝能法之爲民父母蓋聞古之清世是法天地凡十二紀者所以紀治亂存亡也所以知壽天吉

《四部叢刊初編》影印明宋邦乂等刊本《呂氏春秋》

构成部分,称作"十二纪",这所谓"十二纪"是以太阳视运动的一个完整周期为基本单位,依循这一周期之内的"四时"(请注意:不是四季,更不是后世浅学所理解的十二月)变换进程来展开相关的论述——"四时"是指春、夏、秋、冬,而"春秋"便是对春、夏、秋、冬的概括性表述。

《吕氏春秋》是由"八览""六论"和"十二纪"三大部分内容构成,传世文本都是把"十二纪"列在全书之首,可太史公司马迁述及此书时所讲的次序,却都是"八览、六论、十二纪"(《史记·吕不韦列传》《史记·十二诸侯年表》),这正应该是其固有的编排形式。这样的次序,显示出"十二纪"乃是全书内容的归结之处。作者自言曰:"凡十二纪者,所以纪治乱存亡也。"(《吕氏春秋·序意》)实际上,阐释"治乱存亡"之道不仅是"十二纪"的实质性内容,也是《吕氏春秋》全书的核心内容,而"十二纪"中的"四时"正是通贯其中的经络,也可以说是贯穿于书中所载"天地万物古今之事"的神髓(《史记·吕不韦列传》),这也就是《吕氏春秋》作者自述其撰著旨意时讲的那个顺其而生的天之"大圜"(《吕氏春秋·序意》)。

在此基础上,我们再来看颜师古所说"统理众事而系之于年月"那句话,看"四时"与"年月"的关联,就能够比较清楚地看到纪传体史书的"纪"同《吕氏春秋》"十二纪"的密切联系,看到《吕氏春秋》"十二纪"给司马迁带来的启发。唐人刘知幾在《史通·本纪篇》里讲"《吕氏春秋》肇立纪号……及司马迁之著《史记》也,又列天子行事,以本纪名

《国家图书馆宋元善本图录》第 0878 号藏品
元至正嘉兴路儒学刻本《吕氏春秋》

篇",讲的也就是这个意思。谈到这一点时,大家一定要明白,像《吕氏春秋》这样在同一部书中并呈"八览""六论"和"十二纪"这三大类别的内容,在《史记》之前是唯一的;或者换句话来讲,司马迁在创制纪传体史书《史记》的时候,在著述体例方面,《吕氏春秋》应该是他主要参照的前例。

由于"纪"这个名目对于"经"的改变,也由于"传"的内容较诸以往的改变,这二者之间的内在联系,就变得有些隐而不显。于是,我们看到,为突出"纪"和"传"这两部分内容的内在联系,司马迁在"纪"前边加了个"本"字,显示它是树根,是树干,它是《史记》最重要的主体构成部分;相应地,司马迁又在"传"字前边加了个"列"字,显示它是树枝,是树杈,是从根干上歧分而出的辅助部分——这个"列"就是表示歧分之义的"裂"字。按照我这样的理解,"本纪"同"列传",不管是从历史渊源上,还是在词性词义上,都是两两相对的,它的语义竟是那么简单而又明了。

假如没有上面我讲的这些因素,如果"本纪"仅仅是"统理众事而系之于年月"的史书体裁,那么,我们在《汉书·艺文志》中是看到有《太古以来年纪》和《汉大年纪》这样名目的书籍的,也就是说司马迁完全也可以遵循这样的通例以"年纪"名篇而不用"本纪"了。

司马迁写《史记》,是在开创一种崭新的史学著述体裁,"本纪"和"列传"是这种全新体裁最核心的主体构成部分。所以,司马迁需要在名目上特别强调这两部分内容的含义,这样才能让人们更好地理解和接受,"本纪"和"列传"这两个名目就这样产生了。但到班固写《汉书》的时候,这种纪传体史书已经被人们广泛接受,也可以说习以为常了。不难想象,在大多数人看来,这样的体裁,已经是天经地义的了。所以班固可以很简单地只用一个"纪"字来取代"本纪";同样,也只用一个"传"字来取代"列传"。

  这话好像真的越讲越远了。前面我只是很偶然地从班固为什么不称"某帝纪"而但名"某纪"随便谈起,谈来谈去,竟然谈到了为什么最初不叫"某帝纪"或"某纪"而叫"某帝本纪"或"某本纪"的问题,而这无意间引出了我对纪传体史书基本构成的新认识。有意思的研究就是这样,放松心情,顺着自己的目光和思路向前走,说不定走着走着就走入了一片新天地。岂不妙哉,岂不乐哉!

2020年6月28日草稿
2020年7月5日改定

「帝纪」怎么就成了第一

闲着翻书影看,不能像读书看史料那么专心关注于文字所载述的内容,只能跟看画似的,瞧一瞧古籍的表面形态,有时注意力也就不知会被所看到的"影像"带到哪里去。我这样讲,是说眼前的"影像"会很自然地带动你的思绪,让你去思索一些奇奇怪怪的事儿。这些事儿,你不仅从来没有关注过,而且若不是这样看书影,恐怕怎么也不会觉得它是个事儿。

我翻检《国家图书馆宋元善本图录》,琢磨过《汉书》的《高纪》《惠纪》《文纪》这些皇帝本纪的篇名之后,顺着往下一看,又觉得《后汉书》的"帝纪第一"样子也是怪怪的,在它的背后,好像也有些道道,神秘兮兮的,吸引着我去一探究竟。

那么,这吸引我想去一探究竟的"帝纪第一"是怎么一回事儿呢?请大家看一看下页这张图片。

这本书,《图录》虽标称"北宋刻递修本",实际上这一印本其书版刊刻竣事,时间肯定是在南宋初年,但这并不妨碍我们在这里所要讨论的问题。因为即使如此,这个版本仍然是目前所知存世最早的《后汉书》刻本。这意味着就现在我们所能看到的情况而言,这个本子的版刻形态,还是保存了更多《后汉书》的原始面貌;或者更深入一步,也可以说体现了更多范晔书稿的初始形态。

那么,我在这里主要关注的范晔《后汉书》的初始形态是什么呢?大家再往后面看。

看了这帧书影中"帝纪第一"四个字,大家首先会明白我这篇文稿的题目是从哪里来的了——这是一部"宋绍兴江南

帝紀卷第四　范曄　後漢書四

孝和皇帝

孝殤皇帝

唐章懷太子賢注

孝和皇帝諱肇　謚法曰不剛不柔曰和伏侯古今注曰肇之字曰始肇音兆臣賢案許愼說文肇音大可反衛諱也但伏侯許愼並漢時人而帝諱不同蓋應別有所據　肅宗第四子也母梁貴人爲竇皇后所譖憂卒實后養帝以爲巳子建初七年立爲皇太子章和二年二月壬辰即皇伍年十歲尊皇后曰皇太后太后臨朝三月丁酉改淮陽爲陳國州今陳楚郡爲彭城國州今徐西平并

《国家图书馆宋元善本图录》第 0391 号藏品
宋绍兴江南东路转运司刻宋元递修本《后汉书》

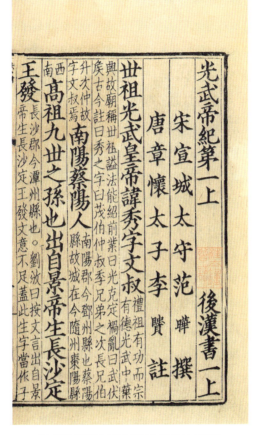

《国家图书馆宋元善本图录》第 0388 号藏品
所谓北宋刻递修本《后汉书》中
补配的宋嘉定元年（1208）蔡琪一经堂刻本

东路转运司刻宋元递修本",大概比上一部刊刻时代稍晚点儿,可上一部所谓"北宋刻递修本"《后汉书》缺失开头的第一卷,是用下边这个嘉定元年(1208)蔡琪一经堂刻本补配的。

比较这部绍兴江南东路转运司刻本同所谓"北宋刻递修本"在版刻形态上的共同点,我想应有十足的理由推断:《图录》第0388号藏品亦即所谓"北宋刻递修本"若是完好如初,其第一卷开头部分,也就应该是绍兴江南东路转运司刻本的那个样子。打个不大贴切的比方,这就算是把"破题"这道工序做完了,即我这篇文稿,讲的就是"帝纪第一"这个问题,而这个问题乃是来自《后汉书》最早的刻本。

看我讲出这个题目,恐怕很多读者都会发出疑问:这是个问题吗?这又是个什么问题?或者这样问:你所看到的问题、你想要说明的问题究竟是在哪里呢?

我做学问,用的都是笨办法,是一字一句地抠着书看。

先让我们在《后汉书》自身的版本系统之内按照时间顺序往下看。请看上页《图录》第0388号藏品中补配的嘉定元年蔡琪一经堂刻本卷端刊刻的题名。所谓"北宋刻递修本"和绍兴江南东路转运司刻本就与其有明显不同:一个,其第一行是"帝纪第一上 范晔 后汉书一",第二行题"唐章怀太子贤注",接下来第三行题"光武皇帝";另一个是"光武帝纪第一上 后汉书一上"。再接着看,同属南宋时期的建安黄善夫书坊刻本以及元白鹭洲书院本(《图录》著录为"宋白鹭洲书院刻本")、还有大德九年(1305)宁国路儒学刻本,它们也都是蔡琪一经

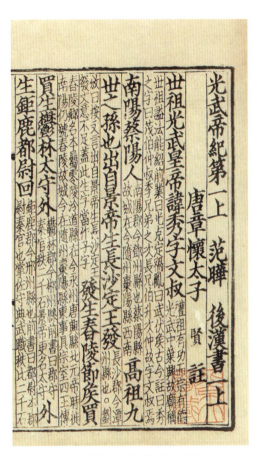

宋建安黄善夫书坊刻本《后汉书》
（据《第一批国家古籍珍贵名录图录》）

《国家图书馆宋元善本图录》第 0395 号藏品
所谓宋白鹭洲书院刻本《后汉书》

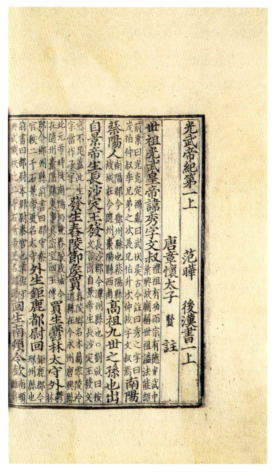

《国家图书馆宋元善本图录》第 0401 号藏品
元大德九年（1305）宁国路儒学刻本《后汉书》

堂本的样子。

这意味着什么？毫无疑义，这意味着后来刻书时对旧有版本的书名、篇名刊刻形式做出了改动。

如果你对我这种认识感到疑惑，那我们就再来看看下面这两部同一种版本的《后汉书》，在其相对而言属于先刻的书版和后补书版之间，同样体现出上述变化趋向。

一部是《图录》第0394号藏品"宋绍兴江南东路转运司刻宋元递修本"《后汉书》。

我觉得这用不着做什么复杂的考证，对比一下前面的《图录》第0391号藏品的另一绍兴江南东路转运司刻宋元递修本《后汉书》，下页这两个页面虽然都不是原刻的书版而属于晚出的补版，但可以判断左边那一页的书版刊刻时代晚，大致应已进入元代，而右边那一页其版刻年代要稍早一些，大概还是宋代的补版。

另一部是《图录》第0398号藏品"宋刻宋元递修本"《后汉书》。

同样，也是左边的晚，右边的早。这不仅是左右两侧的字体其孰早孰晚态势相当明显，而且左边的那一页面下书口处还带有"宣德十年"这一明代补刻书版的时间。

显而易见，在这双双对照的两部书中，其"列传卷第六"和"列传卷第二十下"这样的卷第镌刻形式，同"帝纪第一"是一致的，而"宗室四王三侯列侯传"（案："列侯传"应正作"列传"，"侯"字衍）和"朱冯虞郑周列传"则同前述南宋建

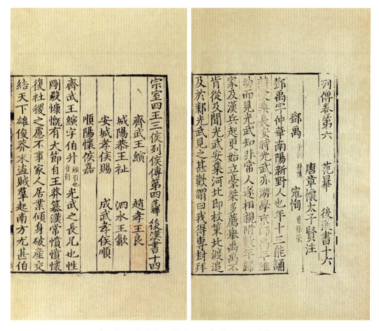

《国家图书馆宋元善本图录》第 0394 号藏品
宋绍兴江南东路转运司刻宋元递修本《后汉书》

《国家图书馆宋元善本图录》第 0398 号藏品
宋刻宋元递修本《后汉书》

安黄善夫书坊本、元白鹭洲书院本以及元大德九年宁国路儒学本相同。

这种情况提示我们，在《后汉书》传世版本中，其刊刻年代较早的所谓"北宋刻递修本"和绍兴江南东路转运司刻本应该保留了更多范晔写定的原貌，譬如像"帝纪第一"这样的镌记形式，就应该属于这种情况，而"光武帝纪第一"则是一种次生的变态形式。

那么，下面就沿着这样的思路，抬眼向上看，看看《后汉书》之前的同类纪传体史书是怎样标记逐篇卷第这种部件的。

我们谈论的这种纪传体史书，是西汉中期由太史公司马迁创制的一种非常特殊的著述体裁。其特殊之处，主要体现在它是多种著述形式的混合体，或者也可以说是一种综合体，即在同一种书籍当中，包含有本纪、列传、世家和书（志）、表这几种差别很大的体裁。在我个人的阅读范围之内，像这样的著述形式，不仅是在史书范围之内，而且举凡所有各种性质的著述，在这样广阔的范围之内，都是前所未有的。但在另一方面，《史记》这一全新著述形式中的很多要素却也可以说是有所因承的，其篇第排列形式就是如此。在继承中创新，这也符合事物发展的普遍规律。

古人自己撰写的著述，同一种书，其体裁大多都是单一的，一种著述，就一种体裁。只有一小部分书籍，会包含两类在性质上有所差别，或同时在其外在形式上也有所差别的内容，则往往会被分别编为"内篇"与"外篇"。例如，《韩诗》

之"内传"与"外传";又如《左传》和《国语》,汉人亦视之为《春秋》的"内传"与"外传"。和我们在这里所谈论的问题直接相关的是,这些"内篇"或"外篇"的篇第,都应当自为起讫,互不相属。

窃以为吕不韦指令并组织门下"智略之士"撰著《吕氏春秋》,或许应该算作中国古代著述史上的一个划时代事件。

这部书虽然不是由吕不韦具体执笔,但荟萃众人心思于一书,自然需要有人来统筹设计和安排,这个人可能是其某位门客,但我想更有可能是吕不韦本人。因为这部书虽然被历代目录学家编排在所谓"杂家"之列,但它并不是把"天地万物古今之事"(《史记·吕不韦列传》)杂乱抄撮到一起的。其书结构严整,且前后融通,这显然需要经过细密的筹划,而统领全书的撰著旨意及其基本结构必然出自吕不韦本人。这是一部治国理政的纲领性著述。

吕不韦把他精心结撰的这部《吕氏春秋》分成三大组成部分,这就是所谓"八览""六论"和"十二纪"。这三大组成部分在形式上有一个重要特点,这就是如同上文刚刚讲到的"内篇""外篇"的情况一样,其篇第次序,也是分别自为起讫,相互之间并不通编连排。具体来说,就是或为"××览第一""××览第二"……;或为"××论第一""××论第二"……;或为"××纪第一""××纪第二"……;等等。

司马迁的《史记》,就直接继承了《吕氏春秋》这样的篇第排列方式,将本纪、表、书、世家、列传各自编排为一个独立的序列,于是我们就看到了诸如"五帝本纪第一""伯夷列传第一"这样的标记形式,而这一做法也被后世历朝历代同一体裁的"正史"所继承。

具体把这样编排的篇第落实到每一篇书籍的卷端,就是像"五帝本纪第一"和"伯夷列传第一"这样,先写篇名,再记篇第。《史记》如此,紧继其后的《汉书》也是这样。班固原来写的是"高纪第一",早期保存其原始面貌的刻本也就照样在卷端刻出。再往后,到了西晋陈寿的《国志》,也就是世俗相传一直胡称乱叫的所谓《三国志》,情况依然如此(请注意,《国志》的撰著年代比《后汉书》可是要早很多的),其卷端题写的篇名,依然是"武帝纪第一""孙破虏讨逆传第一"等篇名后带篇第的形式。

范晔的生年比撰著《国志》的陈寿晚很多,他是南朝刘宋时期人。在留存于世的著述当中,范晔撰著的《后汉书》,是《国志》之后的第一部纪传体"正史",而如上述情况所见,在篇名和篇第的标记形式这一点上,可以说骤然出现一个很大的转折性变化。我说这一变化具有转折性意义,是因为从此以后,自沈约在萧梁时著成的《宋书》开始,历朝历代的纪传体"正史",基本上都采用了《后汉书》这一"帝纪第一"的方式(唯某些晚出的翻刻本或另有改变,如宋祁、欧阳修主持撰著的《唐书》)。

其间有所不同的是,北齐魏收撰著的《魏书》,依旧保持着《史记》以至《国志》的传统,记作"序纪第一""太祖纪

《国家图书馆宋元善本图录》
第 0407 号藏品
"宋刻递修公文纸印本"所谓
《三国志》

南宋初年浙中重刻咸平本《国志》
（据日本汲古书院影印本）

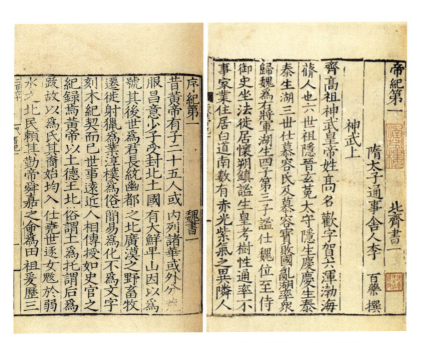

《国家图书馆宋元善本图录》
第0436号藏品
所谓眉山七史本《魏书》

《国家图书馆宋元善本图录》
第0440号藏品
所谓眉山七史本《北齐书》

第二"的形式,但其后隋人李百药撰著的《北齐书》就如同范晔《后汉书》的样式,标记为"帝纪第一"。我理解,这是北朝文化滞后于南朝的体现。

另外,欧阳修的《五代史记》,也就是世俗所说的《新五代史》,其卷端首行题作"五代史记",这已进入另外一种模式,即径将书名这一"大题"冠诸首位,彻底改变了"小题在上,大题在下"的古式。须知《晋书》以下这些"正史"都是官修之书,恪遵旧制也是官书在彰显其庄重体式,而《五代史记》本是欧阳修自己私撰的史书,因而就不必弄得那么冠冕堂皇,他在书中这样标记大题和小题,只是很自然地依从当时通行的一般形式。需要说明的是,在官书之中,范晔在南朝刘宋时期创行的"帝纪第一"式卷端题写形式,直至乾隆年间刊行的《明史》才发生改变,即被改变成了像《五代史记》一样直接把"明史"二字题写于卷端的首位。

关于历朝正史的大题、小题标记形式在后世刻本中是如何统统转变为《明史》之式的问题,虽然并不复杂,但它同我们在这里所要讨论的问题关系太远,所以姑且置而不论。在这里,我们必须分析并做出回答的一个重要问题是:为什么范晔的《后汉书》发生了上述改变?也就是为什么是在范晔的《后汉书》中开始出现了"帝纪第一"这样的卷端标记形式?

我觉得这一看似偶然的现象,在它背后,应当存在一个确定的因缘。所谓存在的就是合理的,也不过就是说每一个客观存在的事物必有其特定的原因,而不是它存在道义的合理性,或者我们在道义上必须对它的合理性予以认定。至于这个因缘是什么，目前我并没有很好的答案。这只不过是闲翻《国家图书馆宋元善本图录》过程中一时的想法，还没顾得搜集和积累相关的史料。但粗略地说，我在直观上觉得它应当同书帙性质的改变具有直接关联。

关于古书的书帙，马衡先生在《中国书籍制度变迁之研究》一文中做过比较系统的论说（见马氏文集《凡将斋金石丛稿》），但现在看来，其中仍有一些问题，可以进一步深入探讨。在这里，引起我思索的是书帙使用方式的变迁问题。

书帙是书卷外面包裹的一层"外包装"。书帙的"帙"字，已见于《说文解字》，乃云"帙，书衣也"，又云其字或从衣书作"袠"。我们大家都知道，一件衣服只能一个人穿，不能两人合穿同一件衣服，上衣不行，裤子更不行；俩人或更多人一起用的，是合欢大被。本着这一简单事实，我推测，最初的"书衣"，应该是一篇简文使用一个书帙；换个说法，就是每一个书帙里边只放置一篇简书。

《说文解字》是许慎在东汉时期写成的书，马衡先生论述古代书帙制度，以为在这一时期，就有了每一帙盛放十卷书的通制，其文曰：

> 晋葛洪《西京杂记序》曰："（刘）歆欲撰《汉书》，编录汉事，未得缔构而亡。故书无宗本，止杂记而已。失前后之次，无事类之辨，后好事者以意次第之，始甲终癸

为帙,帙十卷,合为百卷。"此后汉之以十卷为帙也。(马衡《中国书籍制度变迁之研究》,见马氏文集《凡将斋金石丛稿》)

核诸上文,可知这以十卷为一帙,是在刘歆"未得缔构而亡"之后,由某位"好事者"为之,至于这位"好事者"到底是什么时代的人,在葛洪的《西京杂记序》里并没有清楚的说明,只不过是从他父亲手里传下来就是这样。这样看来,东汉以十卷为一帙的结论,是马衡从葛洪所在的西晋向前追溯乃父最初得到这部书的年代,大致应在东汉时期。

单纯看这样的推论,大体上也是说得过去的,但问题是葛洪讲的这些话并不可信。余嘉锡先生在考订《四库提要》时针对《西京杂记》一书辨析说:

> 葛洪序中所言,刘歆《汉书》之事,必不可信,盖依托古人以自取重耳……此书盖即抄自百家短书,洪又以己意附会增益之,托言家藏刘歆汉史,聊作狡狯,以矜奇炫博耳。(余嘉锡《四库提要辨证》卷一七)

依据这样的结论,葛洪所说始甲终癸为一帙、每帙纳书十卷的书籍盛放方法,只能是西晋时期的制度,而不能说明西晋以前,特别是东汉时期的情况。

辨明这一实际状况,并不是说葛洪这一说法对我们研究古代的书帙制度就丧失了作用,恰恰相反,在这一基础上我们才能看清它的史料价值,而且这种价值是非常非常重要的。如果按照我上文所做的推测,假定最初的"书衣"本是一篇一帙,那么西晋时期出现的这种合十卷为一帙的做法,就是一项显著的变动。

葛洪撰写《西京杂记》的西晋时期,是中国古代文献书写材料的一个关键的转折时期。虽然在东汉蔡伦创行新的造纸方法之后,在书写材料中纸张所占的比例就开始逐渐增多,但我们看一看三国吴简就能够明白,在很广泛的层面之内,直到三国时期,竹木简牍还是占有较大比重。至西晋时期,一方面,在考古发现中仍然可以看到竹木简牍的应用,但也就是在这一时期,出现了"洛阳纸贵"的说法(《晋书·文苑传·左思》),而这一说法正显示出纸张已经成为文人学者书写自己著述时首选的材料,西域出土的刚刚问世不久的陈寿《国志》的残卷可以很好地证明这一点。

按照马衡先生总括的情况,就是从这一时期开始,出现了同一书帙中盛放多卷次书籍的记载,而此前提到有关书帙的文献,都还看不出这样的迹象。以前我曾考述过,宋代以来社会上流行的"借书一痴,还书一痴"这一成语,其原初形态应当是产生于魏晋之际的"借书一帙,还书一帙"(拙文《说"借书一痴,还书一痴"》,见拙著《读书与藏书之间》二集),这是基于当时以"帙"为单位借还书籍的状况,而这正好可以同葛洪讲述的情况相互印证。《南齐书》记崔慰祖"好学,聚书至万卷,邻里年少好事者来从假借,日数十袠(帙),慰祖亲自取与,未常为辞"(《南齐书·文学传》);又臧荣绪"括东西晋为一书,纪、录、志、传百一十卷",而时人褚渊则称其"撰晋史十袠(帙)"(《南齐书·高逸传》),这都是两晋以后以帙为单位来称谓书籍数量或篇幅的实例。

相关文献记载显示,葛洪在《西京杂记》中谈到的收纳多个书卷于一帙的做法,到南朝萧梁的时候,已经极为普遍,这主要体现在两部规模较大的目录上:一是阮孝绪《七录》著录的书籍(唐释道宣《广弘明集》卷三《古今书最》),一是梁元帝萧绎本人著述目录所著录的书籍(梁萧绎《金楼子》卷五《著书》篇)。这两种书目,都一一著录了每一种书籍的帙数和卷数,这是前所未见的新情况。

正是在萧梁时期,我们看到,以博学著称的昭明太子萧统,于东宫蓄书三万卷,去世时朝廷撰述的哀册,称其"縢帙充积,儒墨区分……字无点窜,笔不停纸"(《梁书·昭明太子传》),这些情况所体现的以纸为媒的著述形式、以帙装书的置放方式,以及随着纸卷的盛行而出现的庞大藏书数量,也可以从一个侧面印证阮孝绪《七录》和梁元帝著述书目所体现的卷帙制度。另外,我们在《隋书·经籍志》中可以看到,南朝梁时,《熹平石经》《正始石经》等石刻文献也开始著录有拓本(《隋书·经籍志》一),石刻拓本的制作,同样是以纸张的普遍应用为必备前提,而且拓制方法的发现和使用,是对纸张书写功能的拓展,它的出现更能体现纸张应用于书写已经达到了

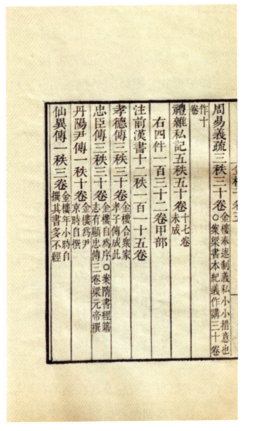

清乾隆癸卯（1783）重校《知不足斋丛书》本《金楼子》

一个非常广泛的程度。

我对晋代以前书帙使用方式的推测，尽管依据还不够充分，但联系范晔《后汉书》在篇名标记形式上的明显变化——改变《汉书》的"高纪第一"形式而在卷端首要位置上称用"帝纪第一"这样的形式，窃以为至少我们应该积极关注这一表面形式变化背后的原因。因为像"帝纪第一"这样的称谓，体现的并不是篇名本身，只是它的排列次序，这是一个很特殊的称谓形式，假如没有某种实质性的变化，是不会无缘无故地出现的。目前我能想到的解释，就是从发生时间的关联性上来考虑书帙收纳方式的变化对它的影响。

书籍的篇名、次第和书名的标记形式，看似简单，很多一心关注"大问题"的学者更以为琐琐不足道也，但具体追究起来，是相当复杂的。由于只是闲翻书影间偶然想到这一问题，在这里我也就姑且很粗略地谈一下我对古书相关要素变迁大势的认识。

所谓"武威汉简"中的东汉简书《仪礼》，很直观地向我们展示了西晋以前书籍当中篇名及其次第的标记形式。在这部竹书《仪礼》上，我们看到两种篇题，陈梦家先生分别称之为"内题"和"外题"。所谓"内题"，即顶格书写于篇首经文之上者，"外题"则书写于卷外简背。请注意，所谓"外题"和篇第是紧密连为一体的，而且一同附着于著述的正文之外。

在右面这张图片中，我们看到的"外题"，是在第一行书其篇名"士相见之礼"，第二行书其篇第"第三"（这第一行、

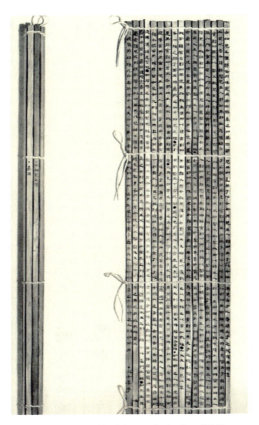

武威东汉简书《仪礼》的"内题"与"外题"
（据甘肃省博物馆等编著《武威汉简》）

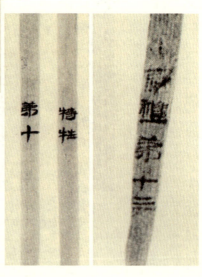

武威汉简《仪礼》简背篇题
（据甘肃省博物馆等编著《武威汉简》）

第二行的次序，是在简背倒看从右向左的次序，其在竹简正面的实际次序正好相反），这部《仪礼》中我们见到的大部分篇目也都是这样标记的，但也有个别篇目是把篇名与篇第连书为一行，如"燕礼第十三"就是如此。但这就像范晔的"晔"字是以左右结构的形式写成这么个样子，还是以上下结构写成"曅"形一样，二者之间并没有本质差别。这应该就是当时竹木简书篇题的一般题写形式。

了解到这个一般状况之后，我们再来看《熹平石经》上篇题的题写形式。幸运的是，在残存的《熹平石经》碎片当中，恰巧可以看到《仪礼·乡饮酒》的篇题，其形式如下页图。

抛开其正背面向不谈，这和武威汉简《仪礼》中"燕礼第十三"的形式是完全一致的，而在它下面那一行开头的"乡饮酒礼"四字，就是所谓"内题"。

那这个篇题及其连带的篇第为什么被刻到了正文的同一面上了呢？这个答案倒很简单，瞥上一眼就看得明白：石碑是平的，不像简书那样可以卷成一捆，所以也就无法在它的背面标记篇题和卷次，假如不把这个"外题"和篇第刻在正文之前，这篇文字就缺乏一个明显的标志。

常语云"每下愈况"。了解到《熹平石经》篇题和篇第的刊刻情况，我想就有理由推测，在由竹木简书转入纸卷时代之后，其篇题和篇第也应像《熹平石经》一样，由简背转到纸面。造成这一转变的原因，是因为纸质的卷轴装书籍在书写完毕之后，还要增添一道特别的工序，即在其外侧一端要"以

熹平石经
（据马衡《汉石经集存》）

其他材料粘连之，裹于卷外，以为防护，今俗称包首，古谓之褾……褾首系丝织品以缚之，其名谓之带"（马衡《中国书籍制度变迁之研究》）。可以想见，这样的工序，是需要由专门的人来另行施加的，不能在书生写录完毕书卷后随手做出（尽管通常在装接书褾之后，在卷子外面的书褾上还要直接题写书名和卷次，或是粘贴签条以标记书名、卷次）。这样一来，就不便再沿用竹木简书之制把篇题和篇第附记于纸卷起首处的背面，人们在写录某种著述的时候，就把"外题"和篇第直接写入每一卷书的卷首（不过与此伴随的还有书籍之改篇为卷，通常是合数篇为一卷，故每一卷书卷端首行处题写的都是篇名和卷次）。

与此同时，也是由于纸卷取代了简束，诸多纸卷同纳于一帙的卷帙制度开始出现。在这一新体制下，卷与帙的关系，比较复杂，但在较多情况下，应是每一个书帙盛放十卷书籍，两种著述不混放在同一个书帙内，不足十卷的书籍和十卷以上书籍后面的零头，都是有几卷算几卷，单独装入一个书帙（拙文《由梁元帝著述书目看两晋南北朝时期的四部分类体系》，见拙著《历史的空间与空间的历史——中国历史地理与地理学史研究》）。根据这种一般状况可以推测，前面提到的褚渊称臧荣绪"撰《晋史》十袠（帙）"，此"十袠"或为"十一袠"的脱误。盖既以"袠"（帙）作为一个计量单位来称谓，其一"袠"（帙）之书就必有定数，而这一定数显然是以"十"最为合理，臧荣绪一百一十卷之书，固宜盛以十一个书帙。

上面推论的书籍装帧制度变化过程如果切合历史实际，那么，它们究竟意味着什么呢？我们还是回头看一看司马迁的《史记》和班固的《汉书》。

在《史记·太史公自序》和《汉书·叙传》里，司马迁和班固在叙述过诸篇宗旨之后，都要特地讲明该篇在书中的排列次第，如"五帝本纪第一""三代世系表第一""礼书第一""吴世家第一""伯夷列传第一"和"高纪第一""异姓诸侯王表第一""律历志第一""陈胜项籍传第一"，等等。这些篇目，它是第一还是第二，不就一篇挨着一篇前后排着，为什么还要费事说明这个呢？想想前边讲述的《仪礼》的情况，我们就会明白，这个篇章次第是作为"外题"的附属部分被写在简背，这显然不够庄重，实际上也很不正式，只是读书人为了自己取阅便利而做的标记，真正属于作者自己编排的次第，就体现在这"夫子自道"语中。其实质性意义，在于标明每个自成一篇的简束在全书当中所处的位置。

当写录完毕的书籍被装入书帙之后，就要在书帙上标记所收纳书籍的名称。古人通常是在书帙上附加书签来解决这一问题。如唐朝宫廷藏书就是分别以红、绿、碧、白四色牙签来标记经、史、子、集四部书籍（《唐六典》卷九"集贤殿书院"条，别详拙文《陈寿〈三国志〉本名〈国志〉说》，见拙著《祭獭食蹠》）。如前所述，按照我的看法，在竹木简书时代，每一篇简册是单独装入一个书帙之中的，这时就可以在书签上直接标明其篇第，但到了纸质书卷的卷帙时代，同一书帙中经常是要盛放同一部书籍的很多不同的卷次，而这一改变会大大强化读者心目中的书籍整体性意识。

在这种情况下，当人们取阅一部书籍，打开一个书帙之后，每个书卷所在的具体卷次，就成了读者关注的突出问题，而由于纪传体史书在其构成形式上的特殊复杂性，其每一卷的卷次首先体现为"纪""传"等每一种构成部分的先后次序。于是我们就看到，范晔在撰著、誊录《后汉书》的时候，便把其"纪""传"等每一种构成部分各卷的卷次标记在了每一卷开端处的首要位置上（后来为便于检阅，在卷子结尾处也会标记篇名和卷次，即使前此成书的《史记》和《汉书》，在因进入纸本时代而改篇为卷之后，也要把篇名题写在每一卷书的开头和结尾之处）。

当然，我们还可以由此进一步推测的是，在这种情况下，人们也就需要在打开每一部书的时候，在这部书最靠前的位置上看到一个"目录"，以便心中有数，知道这"帝纪第一"等等每一卷书讲的是些什么。

清人成瓘曾经指出，范晔撰著《后汉书》，本来自己写有"叙例"，后乃失传。如其书"第一卷《光武帝纪》注，引其《叙例》〔帝纪略依《春秋》，唯孛彗日食地动书，余悉备于志〕，第五卷《安帝纪》又引之〔凡瑞应，自和帝以上政事多美，近于有实，故书'见于某处'。自安帝以下，王道衰阙，容或虚饰，故书'某处上言'〕，是有《叙例》明矣"（说见成瓘《箬园日札》卷五《读史随笔》）。刘昭在《后汉书注补志

《国家图书馆宋元善本图录》第 0391 号藏品
宋绍兴江南东路转运司刻宋元递修本《后汉书》

序》中称范晔《序例》所论，备精与夺"，乃将此"叙例"称作"序例"，或为范晔所定本名，亦未可知。近人钱穆在给学生讲课时曾说范晔《后汉书》没有《史记·太史公自序》和《汉书·叙传》那样自己讲述其撰述宗旨体例的篇章（见钱穆《中国史学名著》之《范晔〈后汉书〉和陈寿〈三国志〉》一节），这是随便信口说的话，当不得真。

《日本国见在书目录》载录"《后汉书》九十二卷，宋太子詹事范晔撰"，这在本纪十卷、列传八十卷之外，多出的两卷，我想就应该有一卷是原书的"叙例"（《隋书·经籍志》著录"《后汉书》九十七卷，宋太子詹事范晔撰"，其"九十七"当为"九十二"之讹，《旧唐书·经籍志》著录此书亦为"九十二卷"，可证当以《日本国见在书目录》的著录为正）。为什么说这个叙例只有一卷？因为司马迁《史记》的《太史公自序》和班固《汉书》的《叙传》都只有一篇；《隋书·经籍志》著录《三国志》（即陈寿《国志》）于正文六十五卷之外，亦另有"叙录一卷"；继范晔之后，沈约在南朝萧梁时撰成的《宋书》，也仅在篇末列有《自序传》一卷。故纪传体正史中这一项内容撰为一篇或一卷，是比较符合其前后时代通例的。

这样一来，《后汉书》在本纪十卷、列传八十卷之外所多出两卷的另外一卷，就应该属于范晔本人在原稿中编写的"目录"。唐朝官修《晋书》的传世版本为一百三十卷，而唐初人刘知幾在《史通·正史篇》中谓其书乃"纪十，志二十，列传七十，载记三十，并叙例、目录合为百三十二卷"，这正应该

《国家图书馆宋元善本图录》第 0378 号藏品
宋蔡琪家塾刻本《汉书》

是取法于《后汉书》的成例，于史书本文之外，另行设置"叙例"和"目录"各一卷。

范晔自己写的《后汉书》，这每一卷卷端"帝纪第一"式的标记形式同全书开篇的"目录"相匹配，是自然而然的事情，可你若是一并看一下上页这个宋刻本《汉书》的"目录"，就会明白，原本没有"目录"的书籍，在这样的书籍装帧体式下，也要新补上一个"目录"。因为《汉书》就是《汉书》，班固写它的时候，还不知道范晔会写《后汉书》，所以绝不会给自己的书上加个莫名其妙的"前"字。前面已经谈到，班固在《汉书》的《叙传》里是费劲扒力地一篇一篇地写明其前后次序，清清楚楚地标记出谁是第一，谁是第二，要是在书前本写有这个"目录"，他还再写那些"高纪第一""异姓诸侯王表第一"等等的废话干啥！

进一步分析这一问题，我们还可以看到，范晔以"帝纪第一"这样的形式来标记卷次，还便于处理《后汉书》一个特殊的技术问题——《史记》《汉书》中的皇帝，都是一位皇帝设一篇纪，而《后汉书》中和帝和殇帝二帝同卷（如前示《图录》第0388号藏品所见），顺帝、冲帝、质帝三帝合传，再加上最后还附有不伦不类的皇后纪，上六下九一大堆皇后，这样也就无法再用"高祖本纪第八"或"高纪第一"那样的形式来标记篇名，而采用"帝纪第一"的方式便可以避免这种尴尬。当然，这只是一个很次要的原因。

此前我在《一本书一回事儿》一文中曾经讲过，在我很模糊的印象里，古人独立撰著的著述，直接面向读者写下序文，且单独列置在书籍正文的前面，大致是从东晋时期开始出现的；至少是从这一时期开始，才逐渐走向普及（见敝人《辛德勇读书随笔集》之《版本与目录》分册）。虽然确切的认识还需要做更细的工作，但与《后汉书》中"帝纪第一"式的标记方式相互认证，还是能够看出很大的合理性。

上述这些想法，当然还不是完整的学术论证，只是阐发敝人一时的感想。我也清楚，这样的感想未必符合历史实际，但我做研究，总是喜欢探寻那些看似简单的表象之下所潜存的历史脉动，我希望自己能够继续思索这一问题，也希望有一天能够更为清晰地看到历史的真实面目。这一点，希望大家能够理解。

2020 年 7 月 15 日记

# 著述何以名『注补』

翻检《国家图书馆宋元善本图录》，在其《后汉书》部分，选印有几帧该书"志"的部分的书影。在这些书影上，可以看到"刘昭注补"这样的著述者题名。

"刘昭"就是个人名，刘家人，名昭。即使是在今天，这样的人名也很平常，没什么道理可讲，也没什么文章可做。可这"注补"，作为一种著述形式，却相当罕见，我也没有见到前人对此做过合理的阐释，因而不妨借助这些书影，和感兴趣的朋友谈谈其内在的含义。

看右页这帧书影，所谓"刘昭注补"是题写在"后汉书志"的下面，而这"后汉书志"同范晔的《后汉书》本来并不是一部书，要想清楚阐释这一问题，需要先从今本《后汉书》"志"的由来说起。

这么一来，话就长了，而且还会很绕。好在过去我在《〈后汉书〉对研究西汉以前政区地理的史料价值及相关文献学问题》一文中曾经做过比较细致的论证（见拙著《旧史舆地文编》），这里就以此文为基础，省去复杂的论证过程而概括叙述基本的脉络。当然，也会有所引申发挥。

范晔在南朝刘宋时撰著《后汉书》，本来拟议设置十志而实际未能成稿。稍后，至萧梁时，就有这位刘昭先生为范书做注。

当时社会上流传的东汉史书有很多种，刘昭选择范晔的《后汉书》来做注释，当然是觉得范晔这部书质量比较高，值得动手费这个劲儿。不过范晔此书空缺志的部分，这不能不说

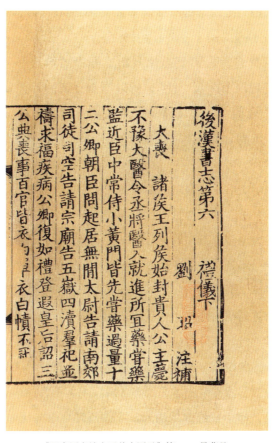

《国家图书馆宋元善本图录》第 0392 号藏品
宋绍兴江南东路转运司刻宋元递修本《后汉书》之志

是一个很大的遗憾。为弥补这一缺憾，刘昭竟然活生生地肢解了西晋人司马彪撰著的《续汉书》，从中割取八篇志（共三十卷），补配到范晔的《后汉书》中。

当然我们一定不要忘掉刘昭这样做的缘由——他要给范晔的《后汉书》做"注"，所以当然也要一并注释补入这八篇三十卷的"志"。《隋书·经籍志》著录有"《后汉书》一百二十五卷，范晔本，梁剡令刘昭注"，载录的就是这种刘昭的注本。

继刘昭之后，唐高宗的第六个儿子李贤，也就是后来被谥为"章怀太子"的那位皇子，召集张大安、刘讷言、格希元等一批学者为他注释范晔的《后汉书》，流传到今天的《后汉书》"纪""传"部分，就是李贤这个注本。

李贤率人注释此书时，刘昭的注本已经流行于世，所以他们利用过刘昭的注本。这是我们在利用李贤等注释的《后汉书》"纪""传"部分时应当充分了解的，这样才能更好地利用章怀太子注的内容。此外，我们还要知道，李贤等人只注释范书，以为刘昭注本诸志本非范晔《后汉书》固有的内容，从而弃置未顾，即李贤注本的构成，一如范晔之书初成时的形态，只有"纪""传"而没有"志"的部分。

至北宋初年，雕版印刷通行未久，《后汉书》很快就有了印本。但宋初太宗淳化五年（994）和真宗景德二年（1005）雕印李贤等注《后汉书》的原本，还没有加入司马彪《续汉书》志的部分。直至宋真宗乾兴元年（1022），始应从判国

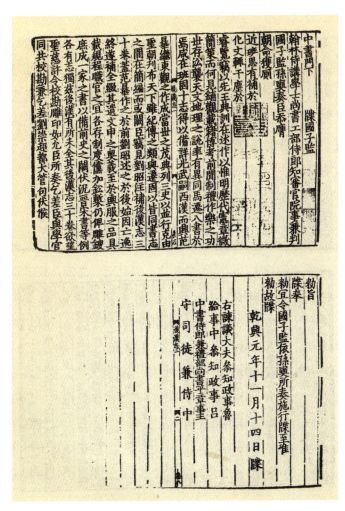

百衲本《二十四史》影印宋绍兴本《后汉书》
附乾兴元年（1022）刻书官牒

子监事孙奭的奏请,又从刘昭注本《后汉书》中活活割取诸"志",补入李贤等注本《后汉书》当中,一并刊行于世。

从此以后,刘昭所注司马彪《续汉书》诸"志",才与李贤注本《后汉书》合编为一书,这也就是我们今天所见到的《后汉书》。不过上面的叙述,大家看了可能还是觉得有些太乱,不大容易明白其演变关系,那么就请大家来再看看下页这幅示意图,就会知道是怎么一回事儿了。

前面提到,《隋书·经籍志》著录刘昭注本时记作"梁剡令刘昭注"。这种著录方式,是不够准确的,即它忽略了"刘昭注补"的"补"字。

关于这一"注补",清人钱大昕以为是指刘氏"本注范史纪传,又取司马氏《续汉志》兼注之,以补蔚宗之阙,故于卷首特标'注补',明非蔚宗元(原)文也"(钱大昕《十驾斋养新录》卷六"司马彪《续汉书》志附范史以传"条);或谓"刘昭本为范史作注,又兼取司马彪注之,以补范之阙。题云'注补'者,注司马书以补范书也"(钱大昕《潜研堂文集》卷二八《跋〈后汉书〉》)。刘昭本人在其注本的序文中本来就讲过"乃借旧志,注以补之"这样的话,因而从表面上看,钱大昕的解释似乎是合乎情理的,即所谓"注补"之"补"应该是指用司马彪《续汉书》的"志"来补范晔《后汉书》的阙略。但这种看法似是而非,刘昭"注补"之"补",实际上另有所指。

清人王鸣盛对这一问题,不仅持有与钱大昕相同的看法,并且还提出质问说:"别本改云'补注',岂司马志有所阙,昭

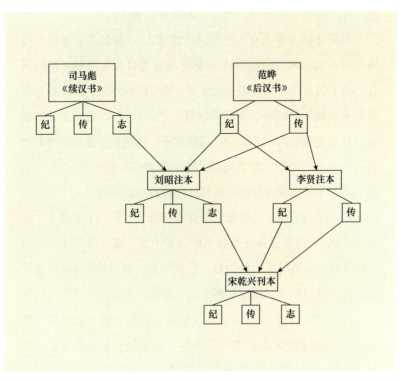

今本《后汉书》形成过程示意图

补之兼注之耶？司马志无阙也。抑昭之前已有注司马志者，而昭又补其注耶？昭之前未有注者也。"（王鸣盛《十七史商榷》卷二九"范氏《后汉书》用司马彪志补"条）

刘昭之前，并未有人注释司马彪诸志，《续汉志》也略无残缺，可在刘昭看来，确有很多重要内容为司马氏遗漏未载。因此，除了随文注释司马彪《续汉书》原有的内容之外，还很有必要为其书做一些增补，所谓"注补"之"补"，指的就是这些新增的补充性质的内容。因为"刘昭注补"这四个字是写在作者题名的地方，这是刘昭题署的自己所做撰著工作的性质，"补"字同"注"字是同等并列的，其具体内容理应出自同人之手，针对的都是自己的著述。若像钱大昕那样把这个"补"字理解为"补蔚宗之阙"，也就是补充范晔书阙漏的内容，那应该是由刘昭自己动手撰著这些"志"的内容，没道理是"取司马氏《续汉志》"以补之，他割取《续汉志》那活儿不能这样署名。

审度刘昭工作的具体情况，便可以切实证明上述认识。刘昭给司马彪《续汉志》增补的内容，主要集中在《郡国志》和《百官志》里。像下页这两幅《郡国志》的书影，其河南尹梁县下面的小字"有阳人聚"（左图），还有阳武县下面的"有武强城"（右图），就都属于刘昭增而"补"之的内容。大家对比一下看看，这"有阳人聚"和"有武强城"，同"有霍阳山""有注城"等内容的性质和表述形式，都是完全一致的。采用同司马彪原书一模一样的体例来载录这些内容，其缘由就是因为这是在给《续汉书》做"补"。

百衲本《二十四史》影印宋绍兴本《后汉书》之《续汉书·郡国志》

在刘昭看来，这些都是司马彪应记而阙载的内容，所以才动手做出增补，而不是给《郡国志》某一具体文句做注。有意思的是，在"有阳人聚"和"有武强城"下面，我们还可以看到刘昭给自己新增内容所做的注释，即"有阳人聚"下面的"《史记》曰秦灭东周，不绝其祀，以阳人地"，还有"有武强城"下面的"《史记》曰曹参攻武强；秦始皇东游至阳武博浪沙中，为盗所惊"云云，这些都是刘昭的自注。

对刘昭这种"补"的性质，前人一向缺乏合理的认识，即使是专门的解题导读文章，也从未说清其实际内涵。现在最为通行的中华书局点校本，又把这些"补"的内容同刘昭的自注视同一事，统统改移到每一段正文之后，用一、二、三、四的注码来表示。这样一来，读者就更不容易捕捉并理解这些增补之作了（附带说一下，中华书局点校本在改移刘昭"注补"位置的时候，还有把司马彪的自注误认作刘昭注文的情况）。

学人读书，重视古刻旧本，并不仅仅像那些玩家一样看重它赏心悦目，或是罕秘难睹，而更看重它带给我们的更加明晰、更加准确的历史信息。

2020 年 7 月 23 日记

书影重重怎么就见不到书名

按照编录者自己的说法和我对这种说法的理解,《国家图书馆宋元善本图录》的性质,应当是一种配以书影的形式来"著录"古籍的目录性书籍,因为编录者在该书《凡例》中宣称"本图录对国家图书馆所藏宋元版古籍逐一著录并配以书影",这"著录"二字显然是其核心主旨。

"著录"两个字,在现代社会,好像是一个很专门的图书馆学术语,像我这样的外行人很难把它说个清清楚楚,明明白白,但作为一个目录类书籍的用户,这个词在我心目中的直观印象是,在对某一种书籍进行所谓"著录"的时候,首先应当标记清楚这部书叫什么名称,也就是这部被"著录"的书它的"书名"是什么。

在《图录》的《凡例》里,这个被为我理解为"书名"的构件,编录者用严谨的专业术语将其表述为"题名"。我理解这"题名"虽然比"书名"内涵更大,意蕴更深,但并不排斥"书名",事实上就书籍本身而言,在很多时候,"书名"也就是"题名",至少对绝大多数中国古籍来说,应该是这样。

学术深刻性和庄重性的体现,主要就是专门的术语。不过像上面这样被我粗俗地简化之后,"著录"一部古籍的"题名",变得也就不那么深奥了,好像连我们这样的棒槌也能对付着做了——不就是往左边瞅一眼书皮子,再用右手抄出书名吗?可在看到《图录》第0404至第0410这七部书籍的时候,眼前的实际情况却并非如此。

这七种书的影像如下:

《国家图书馆宋元善本图录》第 0404 号藏品
宋刻本《三国志》

諸夏侯曹傳第九　魏書　國志九

夏侯惇字元讓沛國譙人夏侯嬰之後也年十四就師學人有辱
其師者惇殺之由是以烈氣聞太祖初起惇常為裨將從征伐大
祖行奮武將軍以惇為司馬別屯白馬遷折衝校尉領東郡太守
太祖征陶謙留惇守濮陽張邈叛迎呂布太祖家在鄄城惇輕軍
往赴適與布會交戰布退還遂入濮陽襲得惇軍輜重遣將偽降
共執持惇責以寶貨惇軍中震恐惇將韓浩乃勒兵屯惇營門召
軍吏諸將皆案甲不得動諸營乃定遂詣惇所叱持惇者曰
汝等凶逆乃敢執劫大將軍復欲望生耶且吾受命討賊寧能以
一將軍之故而縱汝乎因涕泣謂惇曰當奈國法何促召兵擊持
質者持質者惶遽叩頭言我但欲乞資用去耳浩數責之皆斬
既免太祖聞之謂浩曰卿此可為萬世法乃著令自今已後有持
質者皆當並擊勿顧質由是劫質者遂絕

孫盛曰夫盜刻陵暴人
之弟

## 任蘇杜鄭倉傳第十六　　魏書

### 任峻傳

任峻字伯達河南中牟人也漢末擾亂關東方襄中牟令楊原愁恐欲棄官走峻說原曰董卓首亂天下莫不側目然而未有先發者非無其心也勢未敢耳明府若能唱之必有和者原曰為之柰何峻曰今關東有十餘縣能勝兵者不减萬人若權行河南尹事總而用之無不濟矣原從其計以峻為主簿峻又為原表行尹事使諸縣堅守峻後發兵會太祖迎關東入中牟界衆不知所從峻獨與同郡張奮負議舉郡以歸太祖峻又別收宗族及賓客家兵數百人頷從太祖太祖大悅表峻為騎都尉妻以從妹其見親信太祖每征伐峻常居守以給軍是時歲饑旱軍食不足羽林監潁川棗祗建置屯田太祖以峻為典農中郎將數年中所在積粟倉廩皆滿官渡之戰太祖使峻典軍器糧運賊冠鈔絕糧道乃使千乘為一部十道方行復陳以營衛之賊不敢近軍國之饒起於棗祗而成於峻

故事峻令曰故陳留太守棗祗天性忠能始共舉義兵周旋征伐禾苗表紹在官渡貧欲得之祗固守不動至使袁紹在蒙州

《国家图书馆宋元善本图录》第 0407 号藏品
宋刻递修公文纸印本《三国志》

《国家图书馆宋元善本图录》第 0409 号藏品
宋刻元明递修本《三国志》

劉司馬梁張溫賈傳第十五 魏書

劉馥傳

國志十五

劉馥字元穎沛國相人也避亂揚州建安初說袁術將戚寄秦翊使率眾與俱詣太祖太祖悅之司徒辟為掾後孫策所置廬江太守李述攻殺揚州刺史嚴象廬江梅乾雷緒陳蘭等眾數萬在江淮間郡縣殘破太祖方有袁紹之難謂馥可任以東南之事遂表為揚州刺史馥既受命單馬造合肥空城建立州治南懷緒等皆安集貢獻相繼數年中恩化大行百姓樂其政流民越江山而歸者以萬數於是聚諸生立學校廣屯田興治芍陂及茹陂七門

《國家圖書館宋元善本圖錄》第0410號藏品
元大德十年（1306）池州路儒學刻本《三國志》

记得有个洋人的电影,名叫"谍影重重",把这么多书影放到一块儿,借用它的命名形式,或可称之为"书影重重"(《图录》第0408号藏品因无卷首卷尾,见不到书名,故未列)。那么,在这里放上这么多书影干什么?我想让大家在这重重书影中看一看这部书的"书名"是什么。

中国古代的著述,本来既没有"篇名",也没有"书名"。一般来说,就古代著述的总体发展状况而言,是先有"篇名",后有"书名"。这些著述不管写的是什么,都有一项共同的特点,即它们都是凡人写的(圣人也是书写成后才被封圣),"篇名"和"书名"也是由凡人来确定的,所以,"篇名"和"书名"在书中题写的位置,就遵循凡人做事的简单道理,讲究先来后到。于是我们就看到:早出的篇名,通常被放置在每一卷书前端首行靠上的地方,书名则不得不屈居其下,这就是古籍专家们所讲的业界行话——"小题在上,大题在下"。

知道这样的古籍常识,再来看上面这些被《图录》编纂者"著录"为"三国志"的这部书,它的"大题"也就是书名是什么呢?请大家瞪大眼睛一个一个地看过来——无一例外,每一种版本上都只刻有"国志"这两个字!对,你眼睛没有看错,这些宋元刻本也没有任何操刀工匠造成的讹误,这部书就叫《国志》,并不是众所熟知的《三国志》,而且我们所看到的所有明万历年间以前的版本,镌刻的都是这样的书名!

按照我的理解,《国家图书馆宋元善本图录》应该是一部很专业的古籍善本图录,而人们之所以需要这样的《图录》,

主要是因为它可以向读者提供古刻旧本所特有的东西，书名当然是其中一项突出的内容。

看似简单的书名，往往具有丰富的内涵，但如何解读，那是读者自家的事儿，编《图录》就是编《图录》，把编纂的工作老老实实做好就是了，万万不可越俎代庖，按照自己的理解来擅自改易古书固有的面目。

也许有人会说，这有什么值得大惊小怪的，"国志"不过是"三国志"的一种省略用法，刻书时嫌麻烦，少刻了一个"三"字而已。事情还真的不是这么个情况，历史学研究，首先是对史事的实证，有一分证据说一分话，绝不是什么想当然的事儿。

关于这个问题，我曾经以《陈寿〈三国志〉本名〈国志〉》为题，写过一篇比较长的论文，对其来龙去脉做了相当具体的论证（见拙著《祭獭食蹠》），感兴趣的朋友不妨找来读读。读过拙文之后，大家就会明白，这不仅仅是一个书名怎么叫的问题，它还牵涉到很多文化观念，牵涉到史书体裁的演变。在论述这一问题的过程中，早期写本和这些古刻旧本上所题写的书名，都是我的重要论据。

假如从未有人论述过此事，那么，《图录》正确地著录其本来的名称，就可能会引发读者的关注，注意到这一不同寻常的书名，促使人们去探寻其背后的历史原因；反之，像现在《图录》编纂者这样来著录书名，就很容易误导读者，以致埋没陈寿这一著述本来的名称。

某些多少读过一点儿中国古代目录典籍的人，或许会说，《图录》把这部书的书名著录为"三国志"，遵用的是《隋书·经籍志》的旧规，可这样的说法也讲不通。因为若是这样，就应该把《史记》著录为"太史公"，《荀子》也该著录为"孙卿子"（或"荀卿子"），即"太史公"和"孙卿子"才是《汉书·艺文志》著录的书名。另外还有一些人会觉得目前权威的点校本《二十四史》，就是把书名印作"三国志"，这样想就更本末倒置而不足以辩说了。

我们只能按照在眼前版本上看到的书名来著录其书，这不仅合乎情理，也符合现代图书馆学的技术规范，总不能两眼直对着重重书影却对书影上的书名视而不见。

附带说一下，请大家注意，作为《国志》的三大构成部分，其分别载述魏、吴、蜀三国史事的篇什，在宋元古刻本上是一向被镌作"魏书""吴书"和"蜀书"的（这应该就是陈寿本人的写法），而不是现在很多魏晋历史专家所习惯称用的"魏志""吴志"和"蜀志"，而且这里边的道理也并不那么简单。我在《陈寿〈三国志〉本名〈国志〉》那篇文章中对此也做过很具体的阐释，感兴趣的朋友不妨自己去看，在这里我就不再复述了。

从另一方面看，中国学者这样著录古籍的名称，也是有传统的，赵万里先生编著的《中国版刻图录》就这么著录过陈寿此书的名称。但所谓图书馆学的专业化要求，老一辈掌握不好还好理解，现在这一辈图书馆工作人员，对这样的基本业务规

日本《静嘉堂文库宋元版图录》中的《国志》

程不是应该熟练掌握和严格遵行的吗？况且已有好的例子，譬如日本学者编著的《静嘉堂文库宋元版图录》，就是依据刻本上的书名把这部书著录为"国志"（另外括注"三国志"三字）。当然，这涉及《国家图书馆宋元善本图录》的编纂"体例"问题，而编纂者在动手编书之前是不是考虑过怎样著录书名这个"体例"（尽管在这部书的前面，确实还列有一个《凡例》），我就不知道了。

2020 年 7 月 22 日记

# 御撰正史

不管是著录古籍，还是印制古籍，所谓"名从主人"，都应该是必须遵奉的第一原则。在整理、校勘古籍的工作中，谈到"名从主人"，最经常遇到也最为突出的两个名目，乃是著述的名称和作者的姓名。形象地说，就像世间爹娘生儿产女，著述的名称也就是书名，是他们给娃起的特有名号，用这样的名号来把这个娃和别的娃区分开来；作者的姓名也就是撰著者的署名，性质更为严重，那是爹娘在娃身上留下的所有权标记，而这权利是不容让渡的。所以，这两个名目是不容他人更改的，也可以说是著录和印制古籍时不可触犯的两项大忌。

现在通行的中华书局点校本《二十四史》，是目前最权威的古籍整理成果，目的是勘正这批顶级正史在流传过程中产生的文字变异，恢复其本来面目。可是这样的重大项目，却触犯了上述两项大忌：一是妄改欧阳修的《五代史记》为《新五代史》，二是把《晋书》作者由唐太宗李世民妄改为房玄龄等李家臣子。

谈到这一点，需要说明的是，中华书局点校本《二十四史》中虽然还有其他改易书名和作者姓名的书籍，如《国志》被错改成了《三国志》，欧阳修被错写成了"欧阳修"。但这些都有明人清人胡作非为在先，书局点校本不过蹈错袭谬而已，属于受误导。但在我本人的经见范围内，《五代史记》和《晋书》的问题，都是前所未有的，属于点校本的历史性"创建"。校勘学家按照宋元古刻本，按照李唐旧写本，一个字一个字地努力勘正其文字，可是却凭空给它改用一个在哪个时代的哪个本子上也没有出现过的书名或是作者姓名，岂不怪哉？岂非奇哉！

看到这里，很多人一定要问，这究竟是为什么呢？关于中华书局点校本《二十四史》妄改《五代史记》为《新五代史》的问题，我写过几篇文章，阐释这部书"自古以来"都叫《五代史记》这个名儿，而所谓"新五代史"只是一个上不了台面的俗称（这些文章和我研究欧阳脩本名的文章都收录在拙著《那些书和那些人》里）。研究中国古代史的学者还常常把《五代史记》称作"新史"甚至"欧史"，当然这同样是上不了台面的诨名。

所谓"新五代史"的书名问题，情况比较简单。相对而言，《晋书》的作者问题，要复杂得多，讲起来就要多花费一些力气。

现在是看图的时代，还是让我从《国家图书馆宋元善本图录》说起。请大家看下页的两幅《晋书》的书影。

按照日本学者尾崎康总结的情况，《图录》第0411号藏品宋嘉泰四年（1204）至开禧元年（1205）秋浦郡斋刻本《晋书》是此书存世宋刻本中唯一的一部官刻本，而《图录》第0412号藏品是南宋建阳书坊刻本《晋书》中刊刻年代最早的一种（尾崎康《正史宋元版之研究》），因而其作者姓名的题署状况应当更具有原始意义。

了解宋元古刻一般状况的人，看到这样的书影，便很容易理解，书影上的"御撰"二字，是题写在《晋书》这部书的撰

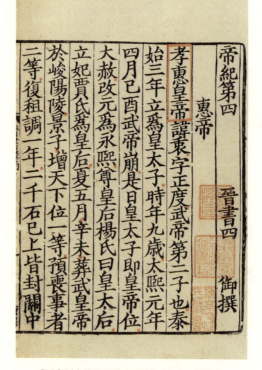

《国家图书馆宋元善本图录》第 0411 号藏品
宋嘉泰四年（1204）至开禧元年（1205）
秋浦郡斋刻本《晋书》

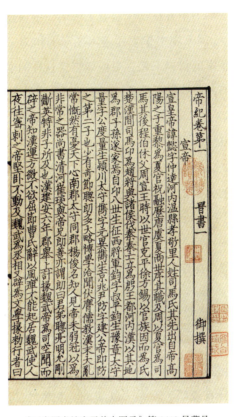

《国家图书馆宋元善本图录》第 0412 号藏品
宋刻本《晋书》

著者，也就是"作者"的位置上。假如没有其他合理的解释，一般来说，一部书中谁在这个位置上署名，谁就是作者。这是一般的通则。《国家图书馆宋元善本图录》作为一部专业的专门著录古籍版本的目录书籍，更应该恪守这样的通则，即首先准确体现一部古籍的客观状况，而不是编纂者的主观判断。

可我们在这部《图录》中看到的实际情况是怎样的呢？《图录》当中的每一种《晋书》，所著录的"著者"项，统统书作"［唐］房玄龄等撰"。这样的做法，由来已久，并不是《图录》编纂者的独家发明。在过去出版的《北京图书馆古籍善本书目》《中国版刻图录》以及《中国古籍善本书目》等权威书目或是"版本目录"书中，都是这样著录的。追根溯源，这应该同清朝官修《四库提要》（即《四库全书总目》）的影响具有直接关系。

《四库提要》在载述此书时，即谓"唐房乔等奉敕撰"（盖玄龄系以字行，"乔"乃其本名，事见《旧唐书》本传），未能讲述何以题此撰者（《四库全书总目》卷四五），而《四库全书简明目录》乃有说明云，系"以陆机、王羲之二传太宗制赞，故卷首题太宗御撰"（《四库全书简明目录》卷五）。这样我们就清楚了，《四库全书》本的底本，其卷端题名乃一如前示书影，而《四库提要》"唐房乔等奉敕撰"云云的说法只是出自四库馆臣的主观认识。这就回到了我在前面提到的图书馆编目或是著录古籍的原则——编目者或是著录者的首要职责是如实载录摆在眼前的书籍，而不宜以自己主观判断的结果来取代书籍本身的客观状况。

需要说明的是，《四库全书简明目录》所说《晋书》"卷首题太宗御撰"的情况，其"太宗"二字，应是四库馆臣对"御撰"之"御"的附加说明，即这个所"御"之人乃是唐太宗。不过类似的做法，至迟宋朝人在刻《晋书》的时候就已经采用过。《国家图书馆宋元善本图录》第0412号藏品宋刻本《晋书》，内文虽如所见，是把作者题作"御撰"，可正文之前的目录，却在"御撰"二字之前添加了"唐太宗文皇帝"六字。这"太宗"是李世民的庙号，"文皇帝"则是他的谥号。不管庙号，还是谥号，都是皇帝死去之后才有的名号，李世民活着的时候都没有，而唐太宗本朝一过，看书的人就弄不清楚这奋笔"撰"书的皇帝是哪一朝的天子，所以人们在刻《晋书》时才需要添上"唐太宗文皇帝"这六个字，以明确本书的"作者"到底是什么人。

另一方面，并观《四库提要》和《四库全书简明目录》的说法，从这两种不同的作者署名上，我们就很容易想到，"唐房乔等奉敕撰"同"御撰"二者之间，应当具有某种联系。实际情况，也正是这样。

《四库提要》"晋书"条目的初稿，是由邵晋涵草拟的，其中只是引述刘知幾的《史通》，叙述房乔等人系奉敕撰著此书（见邵氏《南江书录》）。至纪昀改定的正式文本，虽因阐释其撰著宗旨未为允当而述及"书中惟陆机、王羲之两传，其论皆称'制曰'，盖出于太宗之御撰"，却仍然完全没有触及《晋

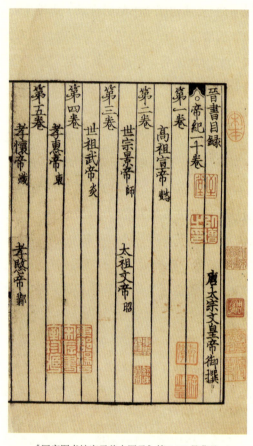

《国家图书馆宋元善本图录》第 0412 号藏品
宋刻本《晋书》之目录

书》全书所题署的"御撰"这一问题。

关于此事,稍显清楚一些的记载,见于《旧唐书·房玄龄传》:

> (贞观)十七年……太宗亲征辽东,命玄龄京城留守……寻与中书侍郎褚遂良受诏重撰《晋书》,于是奏取太子左庶子许敬宗、中书舍人来济、著作郎陆元仕刘子翼、前雍州刺史令狐德棻、太子舍人李义府薛元超、起居郎上官仪等八人,分功撰录,以臧荣绪《晋书》为主,参考诸家,甚为详洽。然史官多是文咏之士,好采诡谬碎事,以广异闻;又所评论,竟为绮艳,不求笃实,由是颇为学者所讥。唯李淳风深明星历,善于著述,所修《天文》《律历》《五行》三志,最可观采。太宗自著宣、武二帝及陆机、王羲之四论,于是总题云"御撰"。至二十年,书成,凡一百三十卷,诏藏于秘府,颁赐加级各有差。

这里值得关注的纪事,首先有两项:一是唐太宗撰写篇末史论的篇目,不仅纪晓岚所说"惟陆机、王羲之两传",还有《宣帝纪》和《武帝纪》;二是《旧唐书》撰著者以为这部《晋书》"总题"为太宗皇帝"御撰",是由于李世民为书中《宣帝纪》等四篇纪传书写了卷末的评论。清人钱大昕谓《晋》宣、武二帝纪,陆机、王羲之二传,论出太宗自撰,故卷首题'御撰'而不列史臣之名"(钱大昕《十驾斋养新录》卷六"新晋书"条），也是承自《旧唐书·房玄龄传》这一说法；更早则宋人王应麟在《玉海》中引述的《书目》就已经有了"惟宣武纪、陆王传论太宗自为之，故总题曰'御撰'"的说法（《玉海》卷四六《艺文·正史》"唐御撰晋书"条），所说也是渊源于此。

上述这第一项事件，即唐太宗到底是写了四篇《晋书》篇末的评论，还是两篇，其实只是一项微不足道的技术层面问题，因为与一百三十卷之巨的《晋书》全文相比，唐太宗是书写两篇史论抑或四篇，同样无足轻重，实在没有什么差别。再说我们现在打开《晋书》，就可以看到这四篇文字，《旧唐书》本传讲与不讲，可以说对我们认识其事都毫无影响，故置之可也，理它做甚。

其第二项事件，可以从中区分出两重含义。第一重，是清楚地讲明《晋书》上题署的"御撰"二字，乃是属于"总题"的性质，亦即"御撰"这两个字是全书的署名；第二重，是说《晋书》如此"总题"作者的原因，是因为唐太宗撰写了《宣帝纪》等四篇史论。这两重含义，对我们认识"御撰"二字都有具体的帮助，下面我先从其第一重含义谈起。

深入分析，唐太宗李世民留在《晋书》上的"御撰"这一"总题"性质的署名，实际上可以做出两种理解：第一种理解，是唐太宗自己要求干活儿的史臣这样来题写；第二种理解，则是这一做法出自臣下所为，是向主子献媚。作为唐朝覆亡之后撰著的史书，《旧唐书·房玄龄传》究竟讲的是什么意思，我们还不大好把握。

后来在唐玄宗时期，发生过一次诏命臣下修撰《续春秋》的事儿，不仅提到了太宗皇帝"御撰"《晋书》的往事，还有一些情节，可以参证所谓"御撰"的性质和来由：

> 裴光庭，为侍中。开元二十年三月丁卯奏曰："臣闻圣人述作，光（先）宅天人之心，次纪皇王之迹，垂谟训于万代，示褒贬于一方。汤、武道衰，斯文将坠，周公补其绝细（绪），仲尼振其颓纲。然后乐正雅颂，惩恶劝善。自获麟已来，代历千祀。班、马以纪传黜凡例，魏、晋以篡杀为揖让，既挠乱前轨，又聋瞽后代。《春秋》之义，非圣人谁能修之！伏惟陛下辟四门修《六典》，高视风雅，发挥经术。微臣未（末）学，待罪阿衡，职兼弘文，惧不胜任。昔《晋书》文词繁冗，穿凿多门，太宗特纡宸衷，亲为刊削，兼命儒学，以成赞论，书称御制。臣等不胜大愿，上自周敬，下至有隋，约周公旧规，依仲尼新例，修《续春秋》，经具有褒贬。伏望进御，裁定指归，如先朝故事。其传请与馆内直学士张琪、李融等，如左丘明受经，敷畅圣意，属词比事，原始要终，审逆顺之端，定君臣之叙，继周、孔子之绝迹，阐文、武之鸿休，传之无穷，永为程式。"帝手诏报曰："太上立德，其次立言，所以稽象纬而垂训诫也。卿博古知今，通才达识。处弼谐之任，则忠说日闻；综坟籍之司，则文儒道长。今欲正人伦而美教

中华书局影印宋本《册府元龟》

化,因旧史而作《春秋》,斥班、马之纰谬,继经、传之褒贬,著述之美,当如斯焉。将比先朝,取朕裁定,虽宪章前烈,而事业相悬。卿且就功,随了续进。"(《册府元龟》卷五五六《国史部·采撰第二》)

唐玄宗和裴光庭君臣之间这段对话讲得虽然很是冗长,却因为大多是骈句,意思表达得不够清楚,还需要添油加醋地来做些解释,而正因为其语义含混不清,为了防止我的理解出现偏差,只好一一照录全文,以见其全貌。

《册府元龟》这一大段记述中引起我关注的核心内容,是唐太宗在《晋书》撰著过程中的具体作为和他所处的地位。

首先,按照我的理解,裴光庭所说"兼命儒学",是指唐太宗指令文臣重修《晋书》。如上所述,唐朝官修新《晋书》的纂修状况,在《旧唐书·房玄龄传》中有很具体的记载,所以这一点应该是比较容易理解的。

其次,裴光庭所云"以成赞论",显然是指李世民为《宣帝纪》等四篇纪传书写的史论,这一点,我在上文也已经有清楚论述。

再次,也是裴光庭上述奏语中最为关键的一点,是他讲到的"太宗特纡宸衷,亲为刊削"这句话。

从表面上看,这句话似乎是上承"昔《晋书》文词繁冗,穿凿多门"而来,那么,李世民"刊削"的就应该是先此已有的旧《晋书》。但骈文的行文方式,并不像古文那样顺直,若是很不恰当地借用唐人刘知幾讲过的话来表述，可以说往往会造成"错综乖所，分布失宜"的情况（刘知幾《史通·杂说·诸史》）。所以纪事性的史学著述是不宜行用骈文的。只有了解骈文不同于古文也就是散体文字的特点，才能更好地理解唐太宗在《晋书》修撰过程中究竟"刊削"的是什么。

裴光庭这句话，需要结合唐玄宗的答复来理解。对比唐玄宗"手诏"中"将比先朝，取朕裁定，虽宪章前烈，而事业相悬"这一段话，我理解，唐玄宗所说"先朝"的"裁定"，正对应着唐太宗的"刊削"。裴光庭等人奉敕撰著《续春秋》，是一切从头做起，并不像太宗朝撰修《晋书》那样，是基于已有的臧荣绪《晋书》等十八家旧著来改作（刘知幾《史通·古今正史》），故所谓"裁定"云者，只能是指审定裴光庭等臣子新撰的书稿。这样，两相比照，唐太宗当年"刊削"的就应该是房玄龄等新修的《晋书》书稿。

那么，把"太宗特纡宸衷，亲为刊削，兼命儒学，以成赞论，书称御制"这段话通着看，结论也就出来了——裴光庭以为唐官修《晋书》"书称御制"的原因有三项：一者，这书是唐太宗敕命臣下撰著的；二者，唐太宗还在书里亲笔写下了《宣帝纪》等四篇史论；三者，这书最后是经由唐太宗"刊削"而"裁定"的。进而再并观裴光庭所说"经具有褒贬，伏望进御，裁定指归，如先朝故事"的说法，这实际上已经很清楚地讲明了不管是贞观时期的"御撰"《晋书》，还是裴光庭当下承接的《续春秋》，皇帝已经做过的和被裴光庭请求来做的，都只不过是给这部书来"裁定指归"而已。

在上述三项原因之中,第三项"裁定"之义最为重要,这意味着所谓"御撰"也就相当于后世所说的"钦定",亦即《晋书》题署"御撰",是缘于唐太宗"裁定"全书,绝非清朝四库馆臣所说《宣帝纪》等四篇纪传篇末的"太宗制赞"而已。

当时,裴光庭等奉诏修撰《续春秋》,为什么会忽然提起唐太宗"御撰"《晋书》的往事呢?

这是因为在这之前十年的开元十年(722),李隆基诏命群臣撰修《大唐六典》,他仅"手写白麻纸凡六条,曰理、教、礼、政、刑、事典,令以类相从,撰录以进"(宋陈振孙《直斋书录解题》卷六"唐六典"条引唐韦述《集贤记注》),结果我们看到这部书在每一卷卷端题署的作者,同这部《晋书》一样,都是"御撰"这两个字;且当时的原本,"其前有序明皇自撰意"(宋曾巩《元丰类稿》卷三四《乞赐唐六典状》),而那些埋头干活儿的书生只剩下"奉敕"给他做"注"的名分。

《大唐六典》直至开元二十六年始撰成进上,在裴光庭等人接奉诏书以修撰《续春秋》的时候,《六典》的撰修工作,正在进行当中(以上内容参据黄永年《唐史史料学》之《职官类》"大唐六典"条)。知晓这一背景,我们就很容易理解,裴光庭之所以会讲出"《春秋》之义,非圣人谁能修之!伏惟陛下辟四门修《六典》,高视风雅,发挥经术"这些话,乃是因为他揣摩圣意,不知唐玄宗是不是想按照《大唐六典》的办法,也在这部《续春秋》上署名"御撰"。

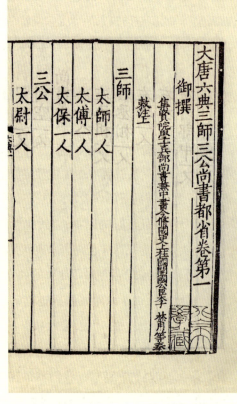

《古逸丛书三编》影印南宋绍兴四年（1134）
温州州学刻本《大唐六典》

《四部丛刊初编》影印元刊本《元丰类稿》

当然,古代的皇帝大多还都是有文化的,明白"经"是圣人才能写的,《春秋》的"经"就是这样。虽然圣人已经不能再世,这《续春秋》的"经"没法再由圣人执笔,凡夫俗子,无奈也可以对付做,但大臣奉诏对付着做,旁观者还能对付着理解,他这个做皇帝的要是亲自动手干,就会让天下读书人笑话了。所以,他可以"御注"一下《孝经》,却不会去干这种续写《春秋经》的傻事儿。唐玄宗答复裴光庭说"虽宪章前烈,而事业相悬",实际上已经说明了"经"不宜随便"御撰"这层意思。于是,他指令裴光庭等"卿且就功,随了续进"(当然这事儿最后不了了之,他不便写"经",臣子更不好办,就没写成)。

　　参照《大唐六典》的情况,我们也就更容易理解,贞观时期官修的《晋书》题署作者姓名曰"御撰",一定出自唐太宗的本意,而且这一"御撰"的含义是覆盖全书的,绝非如《旧唐书·房玄龄传》以至清朝四库馆臣及纪昀、钱大昕等人所说,是因为李世民亲笔撰写了宣、武二帝纪和陆机、王羲之二传的评论就随便题署上了这两个字。

　　从宋朝起,就因不明就里,不断有人对《晋书》所题"御撰"二字妄自做出一些评判。如北宋时人马永卿,称"臣下之文,驾其名于人主,已为失矣,而人主傲然受之而不辞,两胥失矣"(马永卿《懒真子》卷四);南宋时人高似孙,亦云此书"只是史官所修,间有经御览裁整者,谓之御撰则不可也"(高似孙《纬略》卷二)。又明人郭孔延更尖锐抨击说:"夫修史,史臣职也。令书果出御撰，是主行臣职；使不出御撰，是主掠臣美——亡一可者也。"（郭孔延《史通评释》卷一二）经过前文所做分析，这样的评论，当然已经没有任何意义。

事儿不辨不明，理儿不说不清。经过这么一番论述，明事理的人都很容易晓得，不管是像中华书局点校《二十四史》这样排印出版此书，还是像国家图书馆编纂《国家图书馆宋元善本图录》这样著录此书，都理应保持其"御撰"这一署名。因为这就是历史的本来面目，因为只有这样我们才能更加准确也更加深入地认识那一段历史。

就我们目前所知，在中国古代著述发展史上，像《晋书》以及《大唐六典》上这样的"御撰"题名，是由唐太宗李世民首开其例。与此相伴的，是皇帝诏命群臣修史这一"集体编纂"的著述形式。对此，宋人郑樵曾经论述说："古者修书，出于一人之手，成于一家之学，班、马之徒是也。至唐人始用众手，《晋》《隋》二书是矣。"（《通志·校雠略》"编书不明分类论"条。案《隋书》的情况，比《晋书》别有复杂之处，即《隋书》本来是与《梁书》《陈书》《周书》《北齐书》合著为同一部史籍，称作《五代史》，多少知道一点儿《五代史志》的人应该比较容易理解这一点。别详拙文《子虚乌有的金刻本〈旧五代史〉》，见拙著《困学书城》）中国古代史书撰著者身份构成这一转折性变化，相当显著，读书人很容易注意到，也很自然地会把这一变化放到前后时代社会发展的大脉络中去把握和分析，对唐太宗诏命孔颖达等撰修《五经正义》也是这样。

但对李世民个人的因素,却鲜少有人关注。不过这是一个需要花费很多笔墨才能讲述清楚的问题,也许将来有余暇时,我会慢慢讲一讲。

2020 年 8 月 3 日记

# 莫名法义的《晋书音义》

早期的正史，从《史记》《汉书》一直到《国志》（即所谓《三国志》)《后汉书》，都有后人做的注释。原因，是时过境迁之后，遣词用语都发生了变化，不注，就读不明白。

《晋书》可以说是最后一部附有后人旧注的正史（欧阳修《五代史记》附带的所谓徐无党注，一开始就是同本文并行于世的，与他人附加的注释，性质全然不同），只是它附带的这个注释距其成书年代并不是很远——是李唐本朝人何超在天宝年间撰著的一部著述。

何超字令升，所撰《晋书音义》篇幅不大，只有三卷。这部书的内容，主要是简略的注音，亦即标注反切，连对词语的解释都相当少见，故前人很少对其加以评议。

在我所见到的著名学者当中，清末人李慈铭曾对此书价值略有阐释，乃谓其书"注虽简略，音多义少，然颇谨严，得注家之体。所引《字林》尤多，间引《说文》，亦足以参证今本"（《越缦堂读史札记》之《晋书札记》卷首《自题三则》），即谓文中所引汉晋间典籍，颇有校勘或是辑佚的价值，其所列举者如西晋时人吕忱的《字林》，乃是继许慎《说文解字》之后最重要的字书，惜久已失传，今人所辑佚文，即多出自何超此书。

在今天，除了利用《晋书音义》中这些内容来研治相关史事之外，在勘定和解读《晋书》文字时，这部书当然会给我们提供最为重要的依据。原因，就是它的撰著时间距离李唐官修《晋书》的成书时间很近。这样，一者何超撰著此书时所依据的《晋书》自然较为接近其原始面貌，鲜有文字变易；二者何

《国家图书馆宋元善本图录》第 0414 号藏品
元刊本《晋书》附刻《晋书音义》

超所做的注音释义自然也会更加符合历史实际。

何超在自序中阐述其撰著体例云:"仍依陆氏《经典释文》注字,并以朱暎(映)。"这里所说"并以朱暎",疑指遵用唐初学者陆德明所撰《经典释文》的书写格式,即"以墨书经本,朱字辩注,用相分别,使较然可求"(陆德明《经典释文》卷首序文),就是使用普通的黑色墨汁写录摘出的被注释经词,而另以红色朱墨来书写陆德明自己的释文。这是中国古籍在制作形式上一项由来已久的传统。譬如东汉时人贾逵撰有《春秋左氏经传朱墨列》(《隋书·经籍志》),就应该是分别使用朱、墨两色来区分不同的内容,以体现书中不同性质内容的轻重主从次第。遗憾的是,雕版印刷技术通行之后,由于双色套印的技术难度和印制成本都有些太大,中国古代早期很多双色书写的著述,后来便被改成了单色。《晋书音义》就是如此。

又何超自序中复有"仍依陆氏《经典释文》注字"云云的话,我理解这应当是讲其所注音义,乃多承用陆德明《经典释文》旧文。假如这样的理解合乎实际的话,那么,《晋书音义》一书对校订今本《经典释文》将会具有非常重要的价值。《经典释文》涉及诸多中国古代早期重要经子著述文本的原初面目问题,对研治中国古代史事,价值极大。现在最好的《经典释文》版本,是上海古籍出版社影印的南宋刊刻而经元代修补过版片的印本。若是唐天宝时人何超撰著的这部《晋书音义》对校勘《经典释文》确有直接的、实质性的作用,那应该是一件让人深感振奋的事情。只是我没闲心去做核对,不知上述理解是不是合乎实际。

总之，这部一向不大受治史者重视的训释性著述，也许会有一些很重要的价值可以利用，或者说还有待学者开发。

《晋书音义》的价值虽然并没有得到很好的利用，可乾隆年间给皇帝纂著《四库全书总目》的四库馆臣，倒是已经看出"其审音辨字，颇有发明"。四库馆臣同时还讲述此书乃"旧本所载"，亦即在清廷纂修《四库全书》之前，《晋书音义》即已附于《晋书》本文而通行于世。所以《四库全书》本《晋书》便沿承旧规，"仍附见于末焉"。所谓"附见于末"，是指把《晋书音义》附缀在唐官修《晋书》的篇末，而不是像今传《史记》《汉书》等早期正史那样，已将前人旧注散入正文相应的文句之下。现在通行的中华书局点校本《晋书》，也在全书篇末附印有这一《音义》。不过研究两晋历史的学者很少有人注意到它的存在，当然更不会利用此书来辅助晋朝历史的研究了。

问题是四库馆臣只是很浮泛地说《晋书音义》附缀于《晋书》之末为"旧本所载"，可对这"旧本"到底旧到什么程度，却没有具体的说明。今中华书局点校本《二十四史》中的《晋书》，本应对此做出清楚的交代，可是在卷首的《出版说明》中却只是很空泛地说，此书"对阅读《晋书》有一些参考价值，今与《修晋书诏》一并附于书后"。由于过去的学者普遍轻视《晋书音义》这部书，所以在著录《晋书》版本时也都对附缀于后的何超《音义》甚是马虎。我见到的相对清楚一些的表述，是在日本学者尾崎康先生的《正史宋元版之研究》中。

## 晉書音義序

弘農楊正衡 撰

晉書音義余内弟東京處士何超守令升之所篹也令升即仲舅南州府君之子惟我仲舅寔纘才彊孝懿文紹異門範剖符行節弘闡帝猷雖位望兼崇文名猶鬱而增恨振餘慶方鍾雛爾精深期克復時之未與衣冠之嗣昌沉道在則聞儒素之風自遠不隕其業斯為得欤處士弟約以優閒渢於墳史嘗詩晉室之典未昭其音思欲擧揮前人答迪後進由是博专諸傳綜覽群言研覆

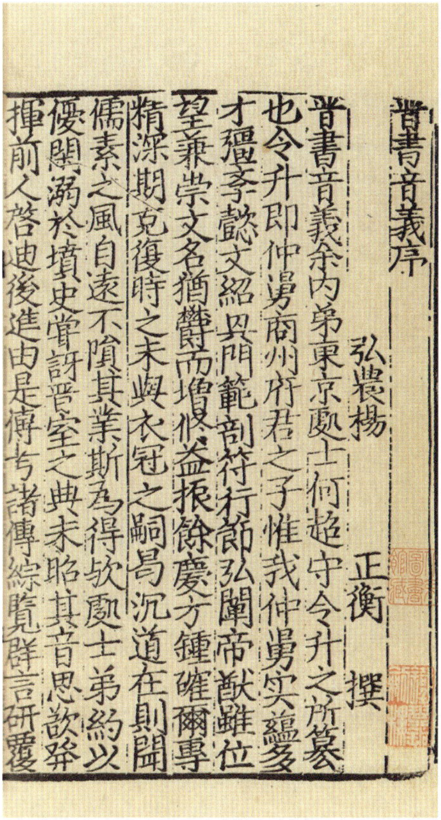

《国家图书馆宋元善本图录》
第 0415 号藏品
所谓元单刻本《音义》

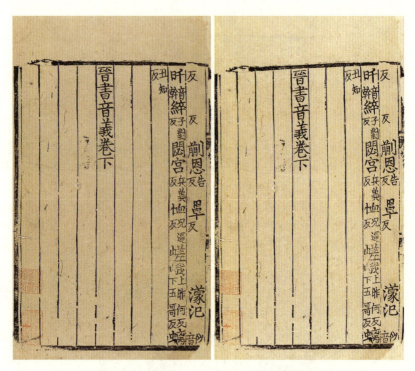

《国家图书馆宋元善本图录》
第 0414 号藏品
元刻本《晋书》附刻《音义》

《国家图书馆宋元善本图录》
第 0415 号藏品
所谓元单刻《音义》

尾崎康先生所说《晋书》附缀《音义》的情况，可以分作如下两层意思。一是根据目前所能看到的旧刻本实物，可以十分确切地认定，附刻《音义》的《晋书》，始见于元代中期复刻南宋宁宗庆元五年（1199）"建安刊本"；二是尾崎氏不太确定地论定，《晋书》之附刻《音义》，盖始于此元复宋刻本的底本——庆元五年所谓"建安刊本"。在《新唐书·艺文志》和《宋史·艺文志》中，我们都可以看到《晋书》是《晋书》，《音义》是《音义》（唯《宋史·艺文志》乃误将给何超作序的杨齐宣著录为此书作者），两书各自独立，不相依傍，这在某种程度上也可以作为《晋书音义》独自别行的旁证。

另外，元代以后所刊《晋书》几乎无不沿承元中期复宋本的成规。与此相伴随的，是《晋书音义》再也没有单刻的本子行世。唯一稍显例外的，只有吴管在万历时刊刻的西爽堂本。西爽堂本并不是没有刊入《音义》，而是其刊入的形式有所不同——不是按照原样附缀于《晋书》全文之末，而是把相关内容散附于每一卷的末尾。

在《国家图书馆宋元善本图录》中，我们看到，第0414号藏品"元刻明正德十年司礼监刻嘉靖万历南京国子监递修本"《晋书》，是国图所藏宋元本《晋书》中第一个附刻有《晋书音义》的刻本，或即尾崎康先生所说元复宋本。图录编纂者给这个本子附刻的《晋书音义》安排了四帧书影。由于"历史学家"们一向忽视何超的《晋书音义》，《国家图书馆宋元善本图录》这样的安排，有利于引起学者的关注，应该说是一种比较得当的做法。

可紧跟在这个本子后面的第0415号藏品"元刻明修本"《晋书音义》，却又作为一种单刻的书籍出现。出现这样的单刻本《晋书音义》，已经相当令人惊诧，因为我从来没有见到过元人单刻此书的记述；再定睛一看书中印出的图片，更是让我惊奇万分——《图录》在这里也是选印了四帧书影，这个数目倒是没有什么值得惊奇的地方，它让我惊奇的是这四帧图片怎么能同前面那四帧一模一样（色差当然可以忽略不计）？

也许有人会说，第0415号藏品那个所谓单刻本《晋书音义》，实际上同第0414号藏品是用同一个版片刷印的；也就是说它只是一个从《晋书》当中脱佚出来的残本，并不是什么单刻。这样一来，用同一副版片印出来同样的书页，岂不是再正常不过的事情，我还"惊奇万分"些什么？

这样的想法，看起来似乎很符合雕版印刷的原理，实际上却完全说不通。由于古书的刷印是纯手工作业，包括涂墨刷纸在内的每一道工序都是如此，即使操作的工匠努力想把两张书页印得一模一样也绝对做不到。从上面的书影中大家可以看得很清楚，这两部书不仅笔画墨迹完全相同，就连纸面上那些纤维丝和所钤盖的印章以及页面纸张修补的情况，每一项因素，都高度一致！这种情况，只能是摄自同一部书籍才会出现；甚至很可能就是两处使用了同一幅图片！

2020年8月17日夜记

新撰故国史

古人著书立说，在署名的时候，往往会有一些特别的花样。很多文人在写小说等文学作品时会使用笔名，比如"兰陵笑笑生"。历史学家的做法，则跟这些文人大不相同，通常只会把别人的东西抄来署上自己的大名（像班固写《汉书》，就有很大一部分内容是从司马迁的《史记》里抄来的），却不会反其道而行之。

坐不更名，行不改姓，可这并不等于所有的书上作者都是简简单单地写上姓甚名谁就得了。譬如在《国家图书馆宋元善本图录》中，我们可以看到，宋元旧刻本《宋书》每卷卷端的作者姓名，是这样题署的：臣沈约新撰。

首先需要说明的是，《图录》上第0416号藏品和第0418号藏品实际上是同一个版本。这一点，即使是完全不懂古籍版本的朋友，只要对比一下这两幅图片，就可以看得一清二楚：雕版印刷的古籍，两部书籍版本的异同，是指其是否使用同一部书版刷印，而这书版，是由刻字工匠用手工在木版上逐字逐笔雕镌的，这就决定了世上绝不会有两块完全相同的书版。所以，只要我们对比两部书籍的同一个版面，就可以通过其版式和字形结构清楚判别它们是不是出自同一副版片。不过这种印书的木版，在适宜的条件下可以保存很长时间，什么时候需要，什么时候就拿出来刷印书籍。在书版刻成之后较早刷印的本子，书版完好，字迹清晰，甚至刻书的刀锋都爽利可见，但晚刷的后印本，书版往往会有漫漶泐损，还会不断修补改刻遭到毁坏的字句，甚至重刻整块书版。这样，早印本和晚印

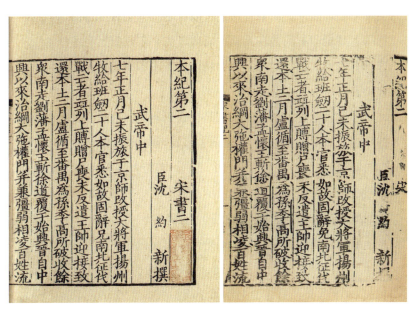

《国家图书馆宋元善本图录》
第 0416 号藏品
"宋刻宋元递修本"《宋书》

《国家图书馆宋元善本图录》
第 0418 号藏品
"宋刻宋元明递修本"《宋书》

本也会因此产生一些差异。大家看《图录》第0416号藏品和第0418号藏品之间的差别，就是同一块书版早印和晚印的差别——如《图录》编纂者所述，前者是"宋刻宋元递修本"这意味着其刷印时间是在元朝，而后者为"宋刻宋元明递修本"，这告诉我们其刷印时间是在明朝。后者刷印得晚很多，所以版片漫漶泐损的痕迹很明显。

那么，这种《宋书》具体是什么刻本呢？这就是大名鼎鼎的所谓"眉山七史"本。《图录》编纂者在第0418号藏品下附有说明云："宋绍兴中眉山七史之一，即蜀大字本。"这种说法有很大差误，实际上所有传世的"眉山七史"本都不是四川眉山的原刻本，而是南宋中期在浙江的翻刻本。

基于这样的情况，我必须附带指出《国家图书馆宋元善本图录》的一项非常严重的问题，即未能注明像第0416号藏品和第0418号藏品这样的书籍属于同一版本。因为在第0416号藏品下面《图录》编纂者只记有"宋刻宋元递修本"这么一句话，既没有说明此本也是所谓"眉山七史"之一（事实上除了所谓"眉山七史"，我也没有看到有任何其他宋元刊刻的"南北朝七史"存世），也没有告诉读者它与第0418号藏品出自同一副书版。

现在回到我想要谈论的核心问题，即这种"臣沈约新撰"式署名的性质、意义以及我们今天从事古籍整理出版时究竟应该怎样对待这样的署名。

首先，这一署名以"臣"字冠于作者姓名之上，自是恭

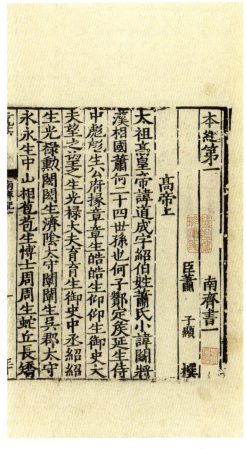

《国家图书馆宋元善本图录》第 0419 号藏品
所谓眉山七史本《南齐书》

对君主而自称臣子。这个"臣"字的重要性就在于它明确无误地标明了"臣沈约新撰"五个字应当出自沈约自署。类似的情况，如"眉山七史"本《南齐书》所题"臣萧子显撰"，性质也应完全相同。

这样，仅仅这一个"臣"字，就向读者清楚表明这部史书的性质，它是属于奉敕撰修的官书。这也就意味着书中至少有一部分纪事体现的是敕命撰著此书之君主的旨意，而我们今天在重新整理出版这类书籍时理应本着"名从主人"的原则，保留"臣沈约新撰"这一固有的形式。

事实上，明南监本尚存古本旧貌。改变沈约本人这一署名形式，镌作"梁沈约撰"，是迟至明北监本才出现的情况，又被清乾隆年间的武英殿本沿袭下来。这种情况，同陈寿《国志》被改为《三国志》、欧阳脩《五代史记》被改作《五代史》并且欧阳脩的名字也被改刻成"欧阳修"一样，都是出自明万历北监本或明崇祯年间刊刻的汲古阁本（别详拙文《关于所谓"新五代史"的书名问题》《哪儿来一个欧阳修？》《明人刻书，书亦亡之》等，收入拙著《那些书和那些人》）。所谓"明人刻书而书亡"，实际上主要发生在万历以降这一时期。通观这些相关的史事，更易理解我们今天在重新整理出版《宋书》这样的史籍时还原其本来面目的重要性。

这个问题看似简单，其实是牵涉到很多古代典籍在重印再版时如何合理地处理作者的题名形式这样一个普遍性原则问题。我认为，在能够辨明其原初署名形式的前提下，理应复原

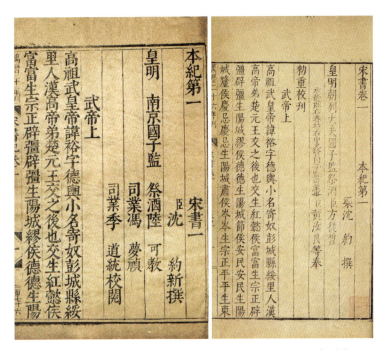

明南监本《宋书》
（据《广东省第一批珍贵古籍名录图录》）

万历原刻明北监本《宋书》
（据《天津图书馆古籍善本图录》）

其本来面目；即使有些书籍一时不易弄清其原初署名形式，也要尽量保持较早版本所呈现的形态。这样做的理由，应当很容易理解，这就是你费那么大劲儿逐字地校勘古籍，主要目的就是恢复其固有的面貌，因而也就不能把古书上作者的署名形式排除在外。

然而这么多年以来整理出版的古籍，却往往罔顾古书当中这一重要构件，大多被径自书作"某某撰"或"某某著"，完全不管这些古籍上原来是怎样题写的作者姓名。这样的整理出版方式，极大地改变了古书固有的形态，也给读者了解这些史籍的特性造成了很大障碍。

如欧阳修，在《二十四史》这套书中，他既是北宋官修《唐书》亦即所谓《新唐书》的主要主持人和撰稿人，自己又私下撰著有《五代史记》，亦即所谓《新五代史》，这两部书，一公一私，性质截然不同，署名的方式也因之判然有别。

下页书影中前者署"翰林学士兼龙图阁学士朝散大夫给事中知制诰充史馆修撰臣欧阳修奉敕撰"，后者就实实在在地写上了"欧阳修撰"这四个字儿，差别一清二楚。

当然，作者实际题署自己姓名的情况比较复杂，不可一概而论。不同时期不同的人，往往会有不同的方式，但恢复或是保持古书上原初的署名形式，可以让读者非常简捷也非常直观地获取很多重要的历史信息。如果整理者把这样的署名去掉，就会堵塞这条径直的通道，无端湮没诸多具体的信息；特别是人们需要了解，有一些古书的署名还很是特别，它所显现的信

曆志第十七下　唐書二十七下
翰林學士兼龍圖閣學士朝散大夫給事中知制誥充
史館脩撰臣歐陽　脩奉　勅撰
其八日躔盈縮略例曰北齊張子信積候合蝕加
時覺日行有入氣差然損益未得其正至劉焯立
盈縮躔衰術與四象升降麟德曆因之更名躔差
凡陰陽往來皆馴積而變日南至其行最急急而
漸損至春分及中而後遲迨日北至其行最舒而
漸益之以至秋分又及中而後益急急極而寒若
舒極而燠若及中而雨暘之氣交自然之數也焯

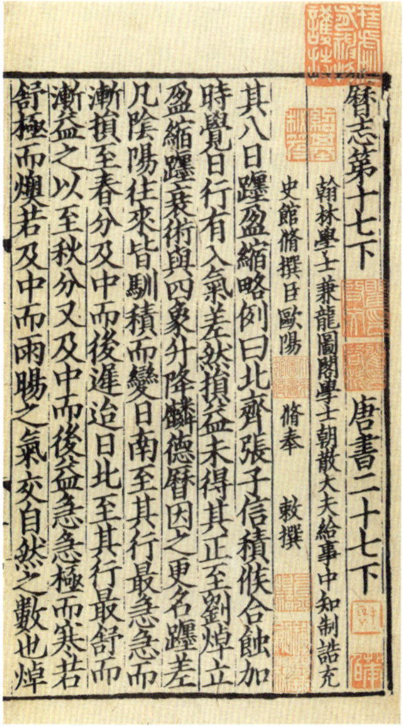

《国家图书馆宋元善本图录》
第 0465 号藏品
宋刻本《唐书》

五代史記卷第一
梁本紀第一　歐陽　脩撰　徐　無黨註
本紀因舊以爲名本原其所始起而紀次其事以時也即位以前其事詳原本其所自來故曲而備之見其起之有漸有暴也即位以後其事略居尊任重所責者大故所書者簡惟簡乃可立法
太祖神武元聖孝皇帝姓朱氏宋州碭山午溝
里人也其父誠以五經教授鄉里生三子曰全
昱存溫溫變諱某書名義在孫王註中誠卒三子貧不能爲生與
其母傭食蕭縣人劉崇家全昱無他材能然爲
人頗長者存溫勇有力而溫尤兇悍唐僖宗乾
符四年黃巢起曹濮存溫亡入賊中巢攻嶺南

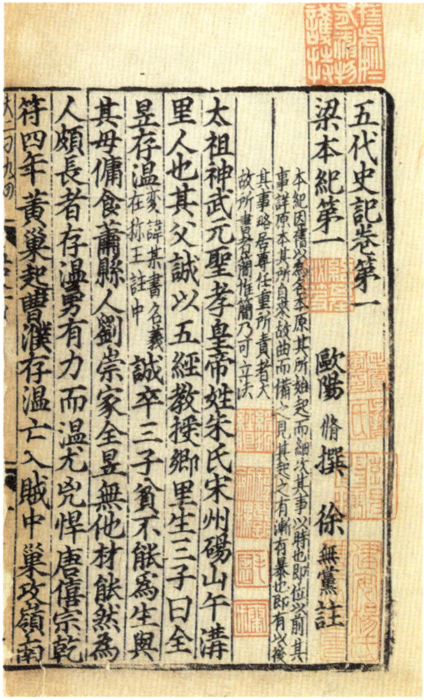

《国家图书馆宋元善本图录》
第 0478 号藏品
宋刻本《五代史记》

息还真的具有某种特别的意味。

在我看来,《二十四史》当中《北齐书》的署名就是这样。在南宋中期浙江开版的所谓"眉山七史"本《北齐书》上,我们看到了这样的作者题名(见下页书影)。

在作者李百药的姓名之上,还顶着个"隋太子通事舍人"的官衔。那么,署上"隋太子通事舍人"就不行吗?或者说它特别在哪里呢?

其引人注目的独特之处,是按照通行的记载,这部书本来始修于唐太宗贞观三年(629)而最后的撰成时间是在贞观十年(《唐会要》卷六三《史馆》上"修前代史"条。又见《旧唐书》之《太宗纪》与《令狐德棻传》)。既然是唐朝奉敕修撰的史书,这书又自始至终都是撰著于大唐王朝的治下,那么李百药又何以会把自己的身份题署为"隋太子通事舍人"呢?这实在太不合乎情理了。所以清人钱大昕在见到明南监本上"隋太子通事舍人李百药撰"这一题名时,便以为这违背历史的实际情况,述云:

> 百药修史在唐贞观初,乃南监本每卷首题云"隋太子通事舍人李百药撰",明人之无学如此。(钱大昕《廿二史考异》卷三一)

如前列书影所见,"隋太子通事舍人李百药撰"这一题名,已见于南宋时刊刻的所谓"眉山七史",所以明朝南京国子监的

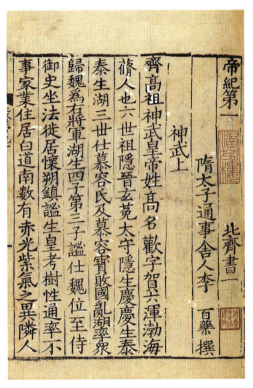

《国家图书馆宋元善本图录》第0440号藏品
所谓眉山七史本《北齐书》

刻本只是保持了其旧有面貌而已，绝不是因其"无学"而胡添乱改。如前文在论述《宋书》署名的更易情况时所说，其实明南监本通常还都保持着古书的原貌，北监本才多因"无学"而妄改旧本，这是明代南北监本重刻古籍的一般性特征。不过对《北齐书》上"隋太子通事舍人李百药撰"这一题名，明北监本和清朝的武英殿本倒也都一直保持未变，而由所谓"眉山七史"本再向前追溯，北宋后期人晁说之也像钱大昕一样批评说："是书百药贞观初被诏纂成，今题曰'隋太子通事舍人李伯（百）药撰'，亦非是。"（晁说之《嵩山文集》卷一二《读北齐书》）这时连真正的"眉山七史"都还没有刊刻，晁说之读到的只能是嘉祐时期始刻的"南北朝七史"的初刻本，其中"隋太子通事舍人李百药撰"这一题名只能出自它所依据的底本，而这正应该属于作者李百药自己所题。

情况是弄清楚了，可问题却变得更加麻烦——现在我们面对"隋太子通事舍人李百药撰"这一题名所感到的困惑，北宋时期那些校刻《北齐书》的文臣当然也能有同样的感觉，可他们还是把它刻到了书上，这就确切无疑地表明这样题写的作者姓名，只能出自李百药的书稿。原稿就是那个样子，他们自然只能依照原样把它刻到书版上。

那么，分明是接奉大唐皇帝诏命才修撰的这部书，而李百药其人也是李唐王朝的命官——太子右庶子，这是同"隋太子通事舍人"同样的东宫官属，官品还要比他在隋朝担任的那个太子通事舍人高出好几级（前者正四品，后者正七

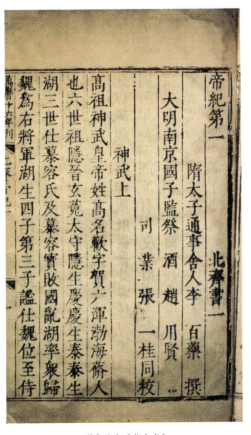

明南监本《北齐书》
（据《广东省第一批珍贵古籍名录图录》）

品），可他为什么偏要在这部奉敕撰著的史书中署上前朝那个较低的身份呢？

这实在是一个很难解释的大难题。当年钱大昕看不到宋刻旧本，所以才会误把"隋太子通事舍人李百药撰"这一题名看作明人妄改，可是到民国年间商务印书馆印行百衲本《二十四史》之后，天下所有读书人都看到了"眉山七史"本的情况，一些很专门的论述，仍然视而不见，称这一题名"不知何时妄加"（柴德赓《史籍举要》），这就有些过于疏忽大意了。

有一句大家常常念叨的话："存在的就是合理的。"我愿意把这个"合理"理解为导致某种客观事实的原因，即凡是实际存在的历史现象，都必有其合理的原因，也就是事出有因。问题既然摆在眼前，李百药自然就应该有这样署名的理由。这个理由是什么呢？当然你可以把它想象得非常复杂，甚至非借助海外某些现代社会科学的理论或是某种特定的研究范式，譬如"历史书写"（似乎可以具体落实为诸如"作者身份书写"之类的命题），可我做研究，更强调"道不远人"，还是愿意用平平常常的人情事理来解释：这就是李百药只是据实题署上他撰成这部《北齐书》（案：实际上本名《齐书》）时自己的真实身份——太子通事舍人。若谓他人对此有所改易，那只是增添上"隋"这一朝代名称而已，以免得和唐朝搞混。

看我这样讲，有些朋友或许会发出强烈的质疑——你前边不是刚刚讲到这部书是始修于贞观三年而完稿于贞观十年吗？现在又这样讲，岂不自相矛盾而且也与历史事实不符？大家请注意，前边我特地说明，《北齐书》这样的撰著时间，乃是基于"通行的记载"所做的叙述。可是，这种"通行的记载"符合历史实际吗？——未必如此。

关于《北齐书》以及相关各项史书的修撰情况，以《旧唐书·令狐德棻传》的记述最为具体明晰：

> 贞观三年，太宗复敕修撰，乃令德棻与秘书郎岑文本修周史，中书舍人李百药修齐史，著作郎姚思廉修梁、陈史，秘书监魏征修隋史，与尚书左仆射房玄龄总监诸代史……德棻又奏引殿中侍御史崔仁师佐修周史，德棻仍总知类会梁、陈、齐、隋诸史……十年，以修周史赐绢四百匹。

《唐会要》卷六三《史馆》上"修前代史"条和《旧唐书·太宗纪》都记载贞观十年正月房玄龄、魏征等撰成梁、陈、北齐、周、隋《五代史》上之，故令狐德棻在贞观十年因修《周书》而获赏赐之事，就是这梁、陈、北齐、周、隋《五代史》初成之时的事儿。

不过在分析《北齐书》的修撰时间这一问题时，首先需要清楚，我在这里所说的梁、陈、北齐、周、隋《五代史》，指的是同一部书，这就是按照本来的设想，传世的《梁书》《陈书》《北齐书》《周书》和《隋书》本来是合为一部书的，而这部书的名称就是《五代史》，这也是我在古代正史研究方面所提出的一个重要看法。关于这一点，过去我在《子虚乌有的金刻本〈旧五代史〉》一文中做过比较具体的论述（该文收入拙著《困学书城》），感兴趣的朋友可以找来看看，在这里我就不再重复了。

在此需要稍加补充的是，上引《旧唐书·令狐德棻传》"德棻仍总知类会梁、陈、齐、隋诸史"，就已经透露出这样的信息。盖所谓"类会"犹如现在我们所说的协调，正因为这几部书是同一部大书的一部分，所以才需要令狐德棻来"总知类会"。也正因为如此，我们才会在《梁书》《陈书》和《北齐书》里看到魏征撰写的评论。

我这样谈的前提，是魏征并未具体参与上述这几部史书的撰写。这意味着只有这几部书隶属于同一个整体才会让这部大书的某位负责人员来撰写史论。在这一方面，唐太宗在《晋书》中为《宣帝纪》《武帝纪》《陆机传》和《王羲之传》这四篇纪传所撰写的史评，最能说明问题。盖这部《晋书》本属唐太宗本人"御撰"（详见本书《御撰正史》一文），所以他才有充足的理由去写这四篇史论。这么一比，道理就容易理解了。需要稍加说明的是，魏征应该是这部《五代史》文字内容的具体负责人，即刘知幾在《史通·古今正史篇》里所说的"使秘书监魏征总知其务"，而这部《五代史》中的《隋书》就是由魏征本人负责撰著，具体负责《周书》撰写的令狐德棻乃"与尚书左仆射房玄龄总监诸代史"，亦即领衔监修，地位比魏征更高，魏征也就不便到《周书》上去添写史评了。

我想，基于这一基本情况，就有理由推断，唐朝官修《五代史》中的《北齐书》部分，在隋朝就已经基本定稿，而作者李百药当时的身份就是"太子通事舍人"，所以也就在书稿上写下了"隋太子通事舍人李百药撰"这一署名。

需要说明的是，唐初人刘知幾在《史通·古今正史篇》里曾讲述《北齐书》撰著经过云：

> 李（德林）在齐预修国史，创纪传书二十七卷。至开皇初，奉诏续撰，增多齐史三十八篇。以上送官，藏之秘府皇家。贞观初，敕其子中书舍人百药仍其旧录，杂采它书，演为五十卷。

今人论及《北齐书》的撰著过程，大多都是复述这段记述。又《隋书》本传亦谓德林"敕撰齐史未成"，也似乎正好可以同上述记载相印证，可是若以李百药本人这一署名形式为基础来分析《史通》上述内容，刘知幾的说法就应当存在一定的疏误。

这里的关键问题，是开皇初年的续撰工作是否业已完成全部书稿以及这一工作是由何人所做。结合"隋太子通事舍人李百药撰"这一题名，我认为在开皇初年实际从事续撰《北齐书》工作的应是李百药而不是乃父李德林。《旧唐书》本传记载李百药"开皇初，授东宫通事舍人，迁太子舍人，兼东宫学士"，这正与《北齐书》作者题名中的"隋太子通事舍人"相符，也与《史通·古今正史篇》所说"开皇初，奉诏续撰"相应。因此，若是把续撰齐史的人改订为李百药，各项记载就都顺畅合理了。

开皇初年续撰的北齐史书同李德林在高齐朝中的撰述性质完全不同。当时李德林是为本朝修"国史",而这"国史"从来都是修不完的。因为亡国再修就不是"国史"了,国未亡就总会有事儿需要接着记载,不管是好事儿还是坏事儿。所以李德林没有修完"国史"是正常的,也是必然的。隋文帝开皇初年所"续撰"的北齐之史在这一点上就与之截然不同,当时若是没有完稿成书,又如何会进上朝廷复命呢?这是非常不合乎情理的。

我们再看这前后两次所修齐史的篇幅。李德林修撰的"国史",完成纪传二十七卷;隋朝"续撰"之史,新增三十八篇(今人或将《史通》"增多齐史三十八篇以上"理解为由最初的"创纪传书二十七卷"增多至"三十八篇",也就是仅仅增多十一篇,但这明显不符合《史通》文义),也就是三十八卷(刘知幾《史通》多用骈句,这里交替使用卷、篇是为求取修辞上的错落效果),二者合计已有六十三卷。对比唐朝最终写定的《北齐书》只有五十卷,我们也能够看出,这"续撰"之稿应该已完成全书。须知北齐一朝不过短短二十余年时间,以这六十三卷的篇幅还能有多少大事没记载下呢?

结合这一因素,更使我相信,加上开皇初年进呈于隋廷的这三十八卷新稿,仅有本纪和列传的北齐史书,全书都应当已经脱稿;开皇初年"奉诏续撰"齐史的应是太子通事舍人李百药,而不是他的老爸。《隋书·李德林传》附记其子百药"博涉多才,词藻清赡",因而才"释巾太子通事舍人",所以隋文帝诏命他来"续撰"此书，也是合情合理的事情。

这样看来，唐太宗贞观年间在撰著《五代史》时令李百药"仍其旧录，杂采它书，演为五十卷"，只不过是对他已有的这六十三卷旧本稍加删订而已，故仍保留旧时作者的题名方式（尽管近人余嘉锡在《四库提要辨证》中清楚指出书中确是回避唐太宗李世民的名讳，但这只是调整原稿中的个别字句，不妨碍其成稿时的署名形式）。另外，这个删订后的新本又附上那么一篇监修官魏征的史论（这段史论附在卷八《幼主纪》篇末，乃总论北齐一朝得失兴亡），以示其隶属于唐朝官修《五代史》的性质。这就是我对《北齐书》修撰过程和书中"隋太子通事舍人李百药撰"这一署名的理解。

与此性质相似的书籍，有颜之推撰著的《颜氏家训》，题名曰"北齐黄门侍郎颜之推撰"。因其书中回避隋帝名讳且有隋人叙事口吻，后人对这一署名颇感疑惑，近人王利器一方面以为这样的题名方式应属颜氏自署无疑，另一方面又依据上述情况以为其书当撰成于入隋之后，而颜之推如此自署其名的缘由乃是由于他"历官南北朝，宦海浮沉，当以黄门侍郎最为清显"（王利器《颜氏家训集解》卷首王氏《叙录》。案：余嘉锡《四库提要辨证》对此也做有相近的解释）。对于这样的说法，我觉得并不合理，这书应当同李百药的《北齐书》一样，题署的是作者最初完稿时的身份，即《四库提要》所说"旧本所题，盖据作书之时也"（《四库全书总目》卷一一七《子部·杂家类》），而书中那些入隋以后才会具有的特征不过是对原稿的

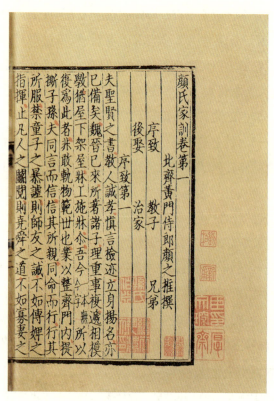

上海图书馆藏元刻本《颜氏家训》
（据《第一批国家珍贵古籍名录图录》）

小幅度修改而已。

我对《北齐书》上李百药署名形式的解释,也许还可以进一步斟酌,但透过这一题名,大家足以看出古书上旧有的署名形式确实是一项很重要的问题,确实具有某种特别的意味有待我们去解读和认识,既不宜简单地将其祛除不管,更不宜妄加修改以适己意,最好的办法,当然是保留并尽可能按照原样体现出来它固有的形态。

最后我们还是绕回到《宋书》"臣沈约新撰"这一题名上来,看一看沈约究竟为什么要在自己新写出的书上标称"新撰"二字?其实单纯就这个问题而言,情况倒是十分简单。《宋书》最后的一卷即卷一〇〇,沿袭《史记》《汉书》的传统,设为《自序传》,以讲述作者的身世与其著书缘由和撰著宗旨。《宋书·自序传》谈到如下情况:

> 宋故著作郎何承天始撰《宋书》,草立纪传,止于武帝功臣,篇牍未广。其所撰志,唯《天文》《律历》,自此外,悉委奉朝请山谦之。谦之,孝建初,又被诏撰述,寻值病亡,仍使南台侍御史苏宝生续造诸传,元嘉名臣,皆其所撰。宝生被诛,大明中,又命著作郎徐爰踵成前作。爰因何、苏所述,勒为一史,起自义熙之初,讫于大明之末。至于臧质、鲁爽、王僧达诸传,又皆孝武所造。自永光以来,至于禅让,十余年内,阙而不续,一代典文,始末未举。且事属当时,多非实录,又立传之方,取舍乖

> 衷，进由时旨，退傍世情，垂之方来，难以取信。臣今谨
> 更创立，制成新史，始自义熙肇号，终于昇明三年。

一句话，沈约撰著此书，是在前此徐爰等人旧作的基础上，补阙订谬，新成一书，故曰"新撰"。

需要指出的是，何承天、徐爰等人当年撰述的是刘宋本朝"国史"，而刘宋旧臣沈约"新撰"此书时，业已由宋入齐，再由南齐而进入萧梁，写成的只能是"故国"之史了。总之，区区"新撰"两字，便简括了沈约上面这一大段叙事的核心内容，现在重新修订点校本《宋书》，要是能够一依旧式，存其原貌，开卷就给读者清楚的提示，何乐而不为乎？

2020 年 9 月 3 日记

眉山东坡肉与『眉山七史』

在《国家图书馆宋元善本图录》的正史类书籍当中,所谓"眉山七史",是一个比较引人注目的名目。原因,一在"七史"本身在正史流传、研究史上的特殊经历,而这一经历是同中国古代文化史的基本脉动息息相关的;二在这所谓"眉山"刻本在中国古代版刻史和古籍版本学上的特殊地位,真切判别什么样的刻本才是地地道道的"眉山七史",直接关系到如何正确认识宋代版刻体系的问题。

首先让我们来看一看何谓"七史"。对中国古代历史和古籍版本知识了解不多的朋友,乍听起来,难免会有些困惑。但若是提到同这个"七史"性质相同的"二十四史",知道的人就会增加很多。"七史"同"二十四史"一样,都是对若干种正史的合称,有几种正史,就称作"几史"。这"眉山七史"的"七史",指的是南北朝时期的七种正史,即南朝的《宋书》《南齐书》《梁书》和《陈书》,还有北朝的《魏书》《北齐书》和《周书》,又称"南北朝七史"。研究南北朝时期的史事,不管具体关注哪一方面的问题,都要以这七种史书作为最基本的史料。

类似的说法,如《史记》《汉书》加上后汉时官修的"国史"《东观汉记》,在魏晋南北朝是被称为"三史"。进入唐代以后,始以范晔《后汉书》替代《东观汉纪》,成为"三史"中的一种。又如清代以来所谓"四史",是在唐朝以来"三史"的基础上再添加一部《国志》(《三国志》),现在很多人习称的"前四史",就是由此而来。另外,唐代又有"十史"之称,系指

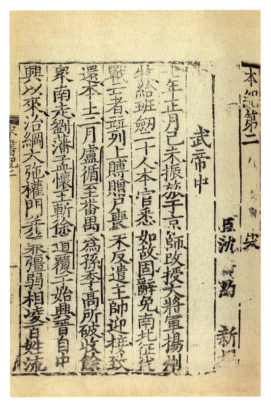

《国家图书馆宋元善本图录》第0418号藏品
宋刻宋元明递修本"绍兴中眉山七史之一,即蜀大字本"

《国志》(《三国志》)、《晋书》《宋书》《南齐书》《梁书》《陈书》《魏书》《北齐书》《周书》和《隋书》。以此"十史"再加上唐人所说"三史",在唐代合称"十三史",等等。

值得注意的是,唐人所说的"十史",乃摒除正史中声名卓著的《史记》《汉书》和《后汉书》这"三史"而聚合剩余的那些等而下之者为一体。"眉山七史"中的这七种史书,在性质上也是如此。这就像王荆公作《唐百家诗选》,有意舍去李白、杜甫、王维、韦应物、元稹、白居易、韩愈、柳宗元、刘禹锡诸大家而不入编,入选的是那些次等诗人的作品。

赵家人建立大宋王朝以后,从太宗时期开始,朝廷就诏命文臣,陆续校勘刻印历朝正史。到仁宗嘉祐年间,从《史记》《汉书》直到《南史》《北史》《旧唐书》,除了"南北朝七史"和薛居正等撰《五代史》(即所谓《旧五代史》),其余当时所有的正史,都已刻印行世,这才总算轮到了沈约《宋书》以下这七部正史。

好不容易轮到了上版梓行的美好时刻,可实际上为时已晚——由于没几个人看,这七部正史,除了南朝的《梁书》和《陈书》之外,都不同程度地出现了残缺。这是因为古人读史,大多数人的视野是相当有限的。不管是应付当官入仕,还是赋诗作文,也都不大用得上这段史事。

当然这么一长段的历史,确实也没法假装它从未发生。那么,人们不读"南北朝七史",读什么呢?读唐人李延寿撰著的《南史》和《北史》。《南史》兼融《宋书》《南齐书》《梁书》《陈书》,《北史》兼融《魏书》《北齐书》《周书》和《隋书》,部头比这八史加在一起要简省很多,大致了解一下相关史事,足够用了,即如南宋时人赵与时所说:"李延寿《南北史》成,惟《隋书》别行,余七史几废。"(赵与时《宾退录》卷九)即使是成书于唐朝初年的《梁书》《陈书》《北齐书》和《周书》,也是"天下实未尝行也",或谓整套"南北朝七史","在有唐一代,并未行世"(清赵翼《廿二史札记》卷九"八朝史至宋始行"条,案赵氏原意,尚另包括《隋书》在内,而《隋书》未必然)。

可看了赵与时、赵翼这些赵家后人的说法,一个有意思的问题,就摆在了我们面前:既然绝大多数读书人已经不再阅读"南北朝七史",李延寿的《南史》和《北史》已经在相当程度上取而代之,那么,赵宋朝廷为什么还非校勘雕印这些史书不可?

在这里,让我们先来看一看北宋朝廷校刻"南北朝七史"之前刊刻《南》《北》二史的经过。

在我看来,历史学研究,大多数情况下并不需要多么高妙、多么超逸于常人脑细胞运作原理的玄秘理论。逐一厘清相关史事的发生次序,历史的真相往往就会展现在我们的眼前。

《宋会要辑稿》第五十五册《崇儒》四"勘书"条记述宋廷校刻李延寿《南》《北》二史之事云:

> 仁宗天圣二年(1024)六月,诏直史馆张观,集贤校理王质、晁宗悫、李淑,秘阁校理陈诂,馆阁校勘彭乘,

国子监直讲公孙觉，校勘《南北史》、《隋书》，及令知制诰宋绶，龙图阁待制刘烨提举之。绶等请就崇文内院校勘，成，复徙外馆。又奏国子监直讲黄鉴预其事……四年十二月，《南北史》校毕以献，各赐器币有差〔《南北史》大中祥符中秘阁校理刘筠常请刻板，未成〕；又有《天和殿御览》四十卷，乾兴初令侍读学士李维、晏殊取《册府元龟》，撮善美之事为之，至是成，亦令刻板。命秘阁校理陈诂校勘。

通观上文，可知最初是在大中祥符年间，秘阁校理刘筠即曾奏请刊刻《南史》和《北史》，但未能实行。后历经天禧、乾兴，至天圣二年六月，仁宗始诏命直史馆张观以及秘阁校理陈诂等校勘这两部正史。前后历时两年半，到天圣四年十二月，校定书稿，进献朝廷。与此同时，仁宗在乾兴初年诏命侍读学士李维和晏殊编纂的《天和殿御览》，也完稿进呈。于是，仁宗同时诏命秘阁校理陈诂负责《南史》《北史》以及《天和殿御览》这三种书籍的雕版校对事宜。

解读这段文字，需要注意的是"《天和殿御览》……至是成，亦令刻板"的"亦"字。盖此一"亦"乃兼该《南史》《北史》和《天和殿御览》三书而言，若仅指《天和殿御览》，就不必缀加此字了。

明了《宋会要辑稿》上述内容，我们就可以把李延寿《南》《北》二史首次付梓上版的时间，确切地定在仁宗天圣四年的年底。

不过《宋会要辑稿》没有载录《南》《北》二史版刻事竣的时间，而我们在王应麟《玉海》卷四三《艺文》"淳化校三史、嘉祐校七史"条下可以看到如下记载：

> 天圣二年六月辛酉，校《南北史》《隋书》（四年十二月毕）。景祐元年四月丙辰，命宋祁等复校《南北史》。

单单从字面看上述记载，这给人以《南》《北》二史未尝付刻，宋祁等人只是对天圣四年校毕的书稿再加以复校的印象，但如上文所述，张观、陈诂等人校毕的书稿，在天圣四年十二月进呈之后，朝廷当即诏命付刻，到这时已有七年多时间，书版当已刻成，故宋祁等人的"复校"更有可能是对初刷的印本加以校勘。

大家若是再接着看《玉海》"淳化校三史、嘉祐校七史"条下文的记载，似乎就会更加容易理解我的看法：

> （景祐元年）九月癸卯，诏选官校正《史记》《前后汉书》《三国志》《晋书》。二年九月壬辰，诏翰林学士张观刊定《前汉书》，下胄监盼（颁）行。秘书丞余靖请刊正《前汉书》，因诏靖尽取秘阁古本对校。逾年，乃上《汉书刊误》三十卷。至是，改旧摹板。

眉山东坡肉与"眉山七史"

这里谈到的《史记》《前后汉书》《三国志》《晋书》都是此前在太宗、真宗时期由赵宋朝廷勘定文字后上版付印的本子，现在重又"校正"并"改旧摹板"以印行，也就是改修已经可成的书版，显然是对当初的刻本不甚满意。

关于这一技术性原因，李焘在《续资治通鉴长编》卷一一七仁宗景祐二年（1035）九月之下，有纪事云：

> 壬辰，诏翰林学士张观等刊定《前汉书》，下国子监颁行。前代经史，皆以纸素传写，虽有舛误，然尚可参雠。至五代，官始用墨版摹印"六经"，诚欲一其文字，使学者不惑。太宗朝又摹印司马迁、班固、范蔚宗诸史，与"六经"皆传，于是世之写本悉不用。然墨版讹驳，初不是正，而后学者更无它本可以刊验。会秘书丞余靖进言，《前汉书》官本谬误，请行刊正。诏靖及国子监王洙尽取秘阁古本对校。逾年乃上《汉书刊误》三十卷。至是，改旧摹本以从新校。然犹有未尽，而司马迁、范蔚宗等史尤脱乱，惜其后不复有古本可是正也。

这段话，不仅对判定李延寿《南》《北》二史首次付梓上版的具体时间和过程很有帮助，而且对理解中国古代书籍由写本时代转入刻本时代之际所造成的正负两方面影响也至关重要，因而还要花费一些笔墨，加以解释。

首先，景祐二年九月壬辰"诏翰林学士张观等刊定《前汉书》"事，是指正式上版之前的书稿校正工作，张观是对余靖、王洙勘成的书稿做最后的核定工作，而这段话后面讲到的"秘书丞余靖进言，《前汉书》官本谬误，请行刊正。诏靖及国子监王洙尽取秘阁古本对校"这一事宜，就是前述《玉海》所云在这整整一年之前的景祐元年"九月癸卯，诏选官校正《史记》《前后汉书》《三国志》《晋书》"之事，只不过《续通鉴长编》系因《汉书》业已付梓而单论《前汉书》，对《史记》《后汉书》《三国志》和《晋书》诸书略而未谈。

盖审其"逾年乃上《汉书刊误》三十卷"一语，可知余靖、王洙"对校""刊正"《前汉书》，正在《续资治通鉴长编》景祐二年九月壬辰述及此事的前一年，百衲本《二十四史》影印所谓景祐本《汉书》篇末附印的官牒，可以更加清楚地证明这一点：

> 景祐元年九月，秘书丞余靖上言："国子监所印两《汉书》文字舛讹，恐误后学，臣谨参括众本，旁据它书，列而辨之，望行刊正。"诏送翰林学士张观等详定闻奏。又命国子监直讲王洙与靖偕赴崇文院雠对。二年三月，靖又上言："案颜师古《叙例》云……总先儒注解名姓可见者二十有五人，而爵里年代史阙载者殆半。考其附著及旧说所承注释源流，名爵年次，谨条件以闻，望德（得）刻于本书之末，庶令学者启卷具知。"奏可。

景祐元年九月秘書丞余靖上言幽子監所印兩漢書文字舛譌恐誤後學臣謹叅括衆本旁據它書列而辨之望行刊正
詔送翰林學士張觀等詳定聞奏又命國子監直講王洙與靖偕赴崇文院讎對二年三月靖又上言案顏師古叙例云班固漢書舊無注解唯服虔應劭等各著音義自其家至西晉晉灼集爲一部凡十四卷又頗以意增益時辨二學當否號曰漢書集注永嘉之亂此書不至江左有臣瓚者莫知氏族考其時代亦在晉初又揔集諸家音義稍

【前漢末】

以己見續廁其末持撼荊說多引汲冢竹書凡二十四卷分爲兩帙凡稱集解音義即其書也蔡謨全取此書散入衆篇自是以來始有注本至唐太宗時皇太子承乾命顏師古更加刊整删繁補略裁以己說儒者伏其詳博遂成一家趙先儒注解有姓可見者二十有五人而爵里年代史關載者殆半考其附著及舊說所承注釋源流名爵年次謹條件以聞望德刻于本書之末庶學者啓卷具知姦苟悅字豫穎川人後漢秘書監 撰漢紀三十卷其事此出旣書揆人歇後所書入永注本
可今列之如左

百衲本《二十四史》影印所謂景祐本《漢書》篇末附印官牒

这些情况，正可以同《续通鉴长编》的记载相互印证，并能为之补充一些细节。

其次，就是致使宋仁宗决策在景祐元年九月下诏"选官校正《史记》《前后汉书》《三国志》《晋书》"诸书的缘由是什么？这个原因，要说大会很大，这就是雕版印刷通行对文献传播所造成的重大影响，此即《续资治通鉴长编》所说"前代经史，皆以纸素传写，虽有舛误，然尚可参雠"，而至雕版刷印书籍以后，遂致使"世之写本悉不用"。其正向的积极作用，便是可以"一其文字，使学者不惑"，避免了多种写本错杂纷纭的局面，可若是"墨版讹驳，初不是正，而后学者更无它本可以刊验"，负面的消极影响，也不可小觑。即谓在写本时代，若是一个写本抄录错了，还可以有很多别的写本供校订，然而雕版印刷通行于世之后，刊刻者一旦校勘不慎，致使刻本的文字出现"讹驳"，后世学者就再也找不到不同的文本加以校正。

出现这种情况，其表层原因也就是技术层面的原因，显而易见，即这毕竟是雕版印刷技术广泛通行的初始阶段，在经历五代后唐刊刻所谓"六经"（实际上是"十二经"）之后，从北宋初年起，雕版印制迅速成为书籍制作和流通的主要方式，但随着雕本的通行，这种新型制作形式在被人们逐渐普遍接受的同时，相对于人们还有清楚了解和记忆的传统写本，其缺陷和弊病也突出地体现出来。

这可以说是自古及今几乎任何一项新兴技术初兴时所必然会遭逢的际遇，只不过由于正史的地位特别重要，而且相对来说会比经书更容易发现问题,因而尤为引人注目。意识到问题,就会加以改进,于是,便他事搜求,"取秘阁古本"之类更加可靠的本子,悉心"对校"。景祐元年(1034)开始的重校改刻已刊正史的举措,首先就是基于这一历史的必然规律。

不过真实存在的历史,从来都不那么简单,更从来就不像现在很多历史学研究者借用某种现代社会科学理论或是模式所概括的那么贫乏,那么单调,那么不经看。研究历史的趣味,或者说人类历史吸引后世研究者的魅力,就在于它的丰富性和复杂性,在于它的迷离变幻,以至高深莫测,天底下的史事哪能都是一个样儿。

若是转换一个视角就可以看到,北宋仁宗景祐年间出现的重校改刻正史活动,或许还有另一重更加具体的历史因缘。

那么,北宋景祐年间有什么特别的吗?宋仁宗即位做皇帝,是在这之前十二年的真宗乾兴元年(1022)二月,到景祐元年,他在龙椅上已经坐了很长一段时间,且天下承平日久,四海晏然,似乎没有任何特别的景象。可稍微贴近一看,就可以发现,景祐元年确实是一个有些特别的年份,甚至就连"景祐"这个年号也都带有特别的寓意。

宋仁宗登基即位做天子,年龄很小,连头带尾,满打满算,也只有十三岁。十三岁的孩子,即使天资超卓,当然也还没有治理天下的能力。于是,便由养育他的庄献皇太后刘氏与其分坐左右,同御承明殿,实际上完全听凭刘太后垂帘决事。明道二年(1033)三月,刘太后终于撒开了挽着仁宗皇帝的那只手，往生他界。这时，仁宗已经长成二十四岁的大小伙子，怎么着也该独立司理朝政了，可刘太后却"遗诰尊太妃为皇太后，皇帝听政如祖宗旧规，军国大事与太后内中裁处"（《续资治通鉴长编》卷一一二仁宗明道二年三月甲午），另外安排了一个接班监管他的皇太后。

长大了的仁宗皇帝当然不会接受这样的监管，继续当那个从小一直在当的"儿皇帝"。他果断地删去了刘太后遗诰中"军国大事与太后内中裁处"那句话，开始独自上朝亲政，治国理民（《续资治通鉴长编》卷一一二仁宗明道二年三月乙未、四月丙申）。刘太后的地位相当于上一任老皇帝，而像仁宗这样继任其位的新皇帝，对前朝顾命老臣加以排斥乃至清洗，是中国历朝历代政治运作的通则，所以仁宗当然不会容忍刘太后留给他的这个新的皇太后。

不过除了这种一般的人情事理之外，宋仁宗对刘太后去世之后朝中政事的处理，以致南宋时人杨仲良著《皇宋通鉴长编纪事本末》，竟特立"反庄献太后之政"这样一个专节来记述，这还应有另外一重独特的原因，即仁宗系由真宗另一妃子即宸妃李氏所生，刘后因自己未能产子而夺以养之，并一直瞒着没让仁宗知道。刘太后故去之后，仁宗才知道自己的生身之母是谁，也知道了生母业已故世，不禁为之"号恸累日不绝"（《续资治通鉴长编》卷一一二仁宗明道二年四月庚子），而刘太后辞世之际新立的那个皇太后，就是具体帮助她养育仁宗的真宗淑妃杨氏。

宋仁宗的年号,先称"天圣",继谓"明道",而仁宗亲政以后,又把年号改作"景祐"。《续资治通鉴长编》卷一一三仁宗明道二年十二月丙辰、丁巳日下记述改元"景祐"事云:

> 上初改元曰天圣,议者谓"天"于文为二人,二圣人者,执政以悦庄献太后也。后改"明道"字,于文为日月并,犹与"天圣"义同。时仍岁旱蝗,执政谓宜有变更,以导迎和气。
>
> 丁巳,诏明年改元曰"景祐"。

所谓"以导迎和气",盖天子改立新元固有除旧布新、与民更始的含义,而"景祐"二字就其字面语义而言,"景"者大也,"祐"者神明护持之义也,神明大护,自可"导迎和气"以避旱蝗之灾。但这样的解释,显然未能尽厌人意,故《续资治通鉴长编》在上面这段纪事之下复系有"考异"文字曰:

> 欧阳脩《归田录》云"明道"犯契丹讳,故遽改,恐误。契丹主隆绪者,明记子,虽讳"明",然不应二年始改。要是契丹初不问年号,但赵元昊以"明"字犯其父名,故辄称"显道"。契丹事则未闻。今止从诏语。

李焘说改元"景祐"的缘由,是因为"时仍岁旱蝗,执政谓宜有变更,以导迎和气",这种说法乃是本自当时颁下的诏书,可欧阳脩却偏要另做根本不通的解释,这说明当时人并不相信仁宗改元诏书讲述的缘由,想要寻求这件事背后的真实原因。

过去我在研究汉宣帝"地节"改元真实状况及其缘由时曾经谈到,汉宣帝初就大位,不过是权臣霍光手中操纵的傀儡,故霍光为之定立的年号更换规则,一如先朝昭帝时期,是六年一改元,以示天运仍在霍氏之身,可宣帝一旦亲政视事,不仅当即改行新元,而且还追改正在行用的本始六年为地节二年,硬把地节年号的启用时间向前逆推一年多,就是为宣示天运已更,并以"地节"这一年号的名称来告诫霍光的亲族和余党要收敛气焰,小心从事(别详拙著《建元与改元》之中篇《汉宣帝地节改元事发微》)。前有车,后就有辙,看破汉宣帝的把戏,便不难理解宋仁宗这是做什么了——他实际上是遵循君王即位翌年改元的惯例,所以才会在明道二年年底的时候,"诏明年改元曰'景祐'",借以宣示自己的亲政是夺回了本当属于自己的君权,宛如新君即位一般,并以"景祐"这一年号,来祈愿苍天群神护佑其铲除刘太后之旧政,弘布本朝之新局。

了解这些背景,就应该很容易想象得到,这位二十四岁的后生"新君",必然会奋发踔厉,有所作为,让天下臣民看看,他早就是个响当当的合格皇帝,而像重新校订《汉书》这样的风雅事儿,就可以成为一种体现自己修养、素质和才能的良好形式。须知《汉书》是中国古代念书人读史时首选的一部正史,特别是对科举考试至关重要,过去我在《制造汉武帝》里特别阐述过这一点。因而能够诏命属臣勘定印行一部超越先朝的《汉书》，是会产生极大正面效应的。当然重勘再印《史记》《后汉书》等其他正史，也同样有助于营造这样的正面效应。

当然宋仁宗能做这事儿，能想起来做这事儿，绝不是秘书丞余靖上言奏事，他就点头认可那么简单。认可不认可，想做不想做，实际上完全取决于他这个当家皇帝的认知和意愿。尽管宋仁宗做皇帝的时候年龄还小，在很长一段时间内他只是一个名义上的君主，朝政完全由刘太后处置，但乃父真宗皇帝从他六岁时起就为之择友伴读，陆续学习了《孝经》《论语》等儒家经典；九岁被册立为皇太子，十二岁授读《春秋》，进学日深。十三岁即位，正式设置经筵，讲习愈加系统深入，仁宗对经术亦愈加重视。史载天圣四年九月乙卯，下诏曰："讲学久废，士不知经，岂上之教导不至耶？其令孙奭、冯元举京朝官通经术者三五人以闻。"五天后，又"诏礼部贡院举人有能通三经者，量试讲说，特以名闻，当议甄擢之"（《续资治通鉴长编》卷一〇四仁宗天圣四年九月乙卯、庚申）。这样的修养和意识，就是他亲政以后重新校勘并改刻《汉书》等史籍的思想和文化基础。

前面，我从雕版印刷始兴时期刻印书籍的一般规律，谈到北宋仁宗皇帝的独特经历，论述了景祐年间重校重刻正史活动产生的历史因缘，并试图以此来说明：景祐元年四月宋祁等复校《南北史》之举，是在与之相同的社会背景下，对刚刚刻印成书的《南史》和《北史》再加校勘，以成精善逾前的佳本。若仅仅是孤立地就北宋朝廷刻印正史而论述这些书籍的重刻复校,相信这样的解释,是能够显示出来相当程度的合理性的。可是,若进一步放开眼界,在唐宋时期文化演变的大背景下来审度这一问题,就会发现其社会意义或许还要宏大许多。

这个唐宋时期文化演变的大背景,就是"唐宋变革"。所谓"唐宋变革",包括很多方面的内容,涉及诸多社会要素,各项要素发生的具体时间也先后参差。这一重大社会变革在文化领域里的一个重要体现,是儒家文化的核心——经学学术形态的改变,其最具有标志性意义的著述为刘敞的《七经小传》(即所谓《公是先生七经小传》),如南宋末年人王应麟所说"自汉儒至于庆历间,谈经者守训故而不凿。《七经小传》出而稍尚新奇矣",即开始独立考索经义。宋儒努力践行其事的结果,便如陆游所云:"自庆历后,诸儒发明经旨,非前人所及。"(王应麟《困学纪闻》卷八《经说》)庆历年间发生的文化变革,还有很多方面。如朝廷令各州县普遍设立学校,是庆历四年(1044)根据范仲淹、宋祁、王拱辰、张方平、欧阳修等人的共同提议而下诏施行的(《续资治通鉴长编》卷一四七仁宗庆历四年三月甲戌、乙亥);还有改革科举考试的制度,"先策论而后诗赋",也是在庆历三年根据范仲淹的提议而诏命施行的(《续资治通鉴长编》卷一四三仁宗庆历三年九月丁卯)。这些都不仅是宋朝,而且是整个中国历史上的重大变革。

宋仁宗的年号,在"景祐"之后,经"宝元"二年、"康定"一年就进入了"庆历"。世界上的事儿,前情后戏,往往都存在着内在的联系。古代的学者,以为史事是经学的翼助,故治经自然离不开读史。不管是独立考索经义,还是学校的历史教育、科举考试中撰写策论,都离不开像《汉书》等正史这样的基本史籍。因而仁宗在景祐年间复校重刻《汉书》等正史的行为,至少在客观上为庆历年间的文化变革提供了良好的条件,也可以说是起到了某种先行的作用。

须知仁宗庆历年间出现的文化变革,早在唐代中期,就已显露端倪。如韩愈等人就已经积极倡导过"《春秋》三传束高阁,独抱遗经究终始"的治学方法(《昌黎先生文集》卷五《寄卢仝》),刘敞《七经小传》的做法,实际上正与之一脉相承。只是潜流暗涌,至庆历年间始成奔腾江河而已。若是考虑到这一长期的发展脉络,就能更好地理解仁宗景祐年间复校改刻《汉书》等正史的历史意义,也才能更加合理地认识景祐元年四月宋祁等人复校《南北史》一事。

顺流而下,让我们回到本文开头提出的问题:在绝大多数读书人已经不再阅读"南北朝七史",李延寿的《南》《北》二史又已经在相当程度取代这七部史书的前提下,既然刚刚指令宋祁等臣下仔细校定印行了《南北史》,那么,宋仁宗为什么又要在嘉祐年间下诏刊刻"南北朝七史"呢?了解到上述庆历年间的文化革新,就能够很好地解释这一问题。

打破"守训故而不凿"的经学传统而独立考索经义,自然需要阅读更多、更加可靠的史籍,这样就会为人们对待史书史事的态度打开一个全新的局面。仁宗时期金石学的骤然兴盛,最能说明这一点。盖独立思索,求真求实,必然会激发人们对考据史事的兴趣,也必然会产生这样的需要,这就自然而然地引发了人们对古代器物和历史遗迹的探索欲望。

我们看到,创立庆历学风的标志性学人刘敞,亦率先搜求许多"三代时钟鼎器皿"并悉心辨识其"篆刻铭识",撰著《先秦古器图》一卷,用以"考知前代制度"(王应麟《玉海》卷五六《艺文·图》"宣和博古图"条,刘攽《彭城集》卷三五),后世学者就把刘敞撰著此书视作开启金石学先河之举。又如,在中国历史上,搜求、研究石刻文献,首开其端的著述,当推欧阳脩的《集古录》,其书尤为关注"可与史传正其阙缪者,以传后学,庶益于多闻"。值得注意的是《集古录》乃撰成于嘉祐八年(欧阳脩《集古录跋尾》卷首《集古录目序》),而这"嘉祐"正是宋仁宗最后一个年号。再如同时学者宋敏求不仅著有汇聚石刻诗歌的《宝刻丛章》(袁本晁公武《郡斋读书志》卷四下之下"宝刻丛章"条),还在仁宗三四年间撰成侧重记述往古"兴废迁徙"之迹的《河南志》(司马光《温国文正司马公文集》卷六五《河南志序》)——这是学者们对历史遗迹的关注和著录。

长久以来,中国文史学界对王国维先生提出的"二重证据法"给予了特别崇高的一般方法论意义的评价,即谓王氏开创了以地下所出新材料与地上传世史料相互印证这样的研究方法,但我以为王国维先生的本心,绝没有这样的意思,他不过是强调自己通过以殷墟卜辞与《史记》的记载相印证,证实了《史记·殷本纪》的信史性质,从而给中国古代的历史记载

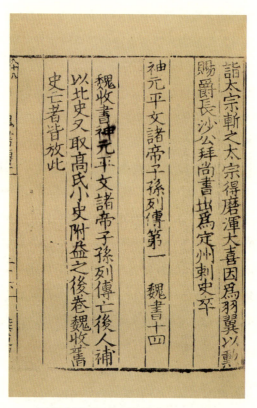

《国家图书馆宋元善本图录》第 0437 号藏品
所谓眉山七史本《魏书》上的宋臣校勘识语

提供了一个坚实可靠的基点而已（别详拙著《生死秦始皇》）。通观中国古代金石学发生和发展的历程则可以看到，以出土文字、文物材料同传世文献相印证，本是一项最一般、最起码的研究路径，舍此便别无他途可行。这样认识古往今来学者们利用和研究新见文字、文物材料的历史，就很容易理解，同时重视新出土材料与传世典籍的记载，这应该是自从刻意发掘、利用包括金石材料在内的各项新史料以来就固有的传统。

在这种情况下，人们也必然会首先充分注重整理和使用各种传世基本史籍。对于南北朝时期的历史来说，仅仅阅读李延寿在唐朝初年撰著的《南史》和《北史》，显然已不敷需求。昔清人赵翼把"南北朝七史"能够流传至今，仅仅归结为宋朝通行雕版印刷技术的功绩（清赵翼《廿二史札记》卷九"八朝史至宋始行"条），这种看法虽然也有一定道理，但恐怕不尽适宜。盖具体某一部书籍是否雕版印行，其首要条件是社会上有没有印行这部书籍的需求，而在上述文化背景下，雕版印行"南北朝七史"的需求已经摆在了读书人的面前。

这样，我们在史籍中就看到了宋仁宗在嘉祐四年诏命属臣校勘"南北朝七史"的记载：

> 嘉祐四年，仁宗谓辅臣曰："《宋》《齐》《梁》《陈》《后魏》《后周》《北齐书》，世罕有善本，未行之学官。可委编校官精加校勘。"八月，命编校书籍孟恂、丁宝臣、郑穆、赵彦若、钱藻、孙觉、曾巩校《宋》《齐》《梁》

《陈》《后魏》《北齐》《后周》七史。恂等言："《梁》《陈》等书缺，独馆阁所藏，恐不足以定著，愿诏京师及州县藏书之家，使悉上之。"仁宗皇帝为下其事。至七年冬，稍稍始集。然后校正讹谬，遂为完书，模本行之。（宋江少虞《宋朝事实类苑》卷三一）

此番校勘"南北朝七史"的目的，当然是为了刻印流通，不过由于"七史"阙谬过甚，校刻工作并不十分顺利。与这里所说"至（嘉祐）七年冬，稍稍始集"相互补充印证的是，我们在《玉海》卷四三《艺文》"淳化校三史、嘉祐校七史"条下可以看到如下记载：

> 嘉祐六年八月，校《梁》《陈》等书镂板，七年冬始集。八年七月，《陈书》始校定……嘉祐六年八月庚申，诏三馆秘阁校理《宋》《齐》《梁》《陈》《后魏》《周》《北齐》七史。书有不全者，访求之。

直到北宋后期的徽宗政和年间，前后持续五十多年，全部"七史"的书版始刊刻完毕。

晁公武《郡斋读书志》记述相关史实云：

> 嘉祐中，以《宋》《齐》《梁》《陈》《魏》《北齐》《周书》舛谬亡缺，始命馆职雠校。曾巩等以秘阁所藏多

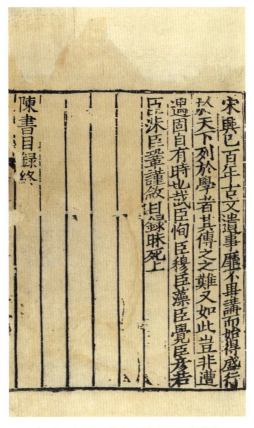

《国家图书馆宋元善本图录》第 0429 号藏品
宋刻宋元明递修本"绍兴中所刊眉山七史之一,即蜀大字本"
《陈书》附曾巩等勘书奏语

误,不足凭以是正,请诏天下藏书之家悉上异本,久之始集。治平中,巩校定《南齐》《梁》《陈》三书,上之,刘恕等上《后魏书》,王安国上《周书》。政和中,始皆毕,颁之学官,民间传者尚少。(袁本《郡斋读书志》卷二上"宋书"条)

可见其书刊成实属不易,主要的原因,就是当时所见写本都阙谬严重,即如孟恂所言,现今仅存的两部有完本传世的《梁书》和《陈书》,当时也是"馆阁所藏"尚"不足以定著",需"诏京师及州县藏书之家,使悉上之";当时具体负责校勘这两部书籍的曾巩,也说这两部书"世亦传之者少……其书亦以罕传,则自秘府所藏,往往脱误"(曾巩《南丰先生元丰类稿》卷一一《陈书目录序》)。清人赵翼总括当时的情况说:"宋时并已失其原本,虽购之天下,亦终无由订正也。"(清赵翼《廿二史札记》卷九"八朝史至宋始行"条)要是没有仁宗庆历年间学术风尚的变迁,这七部正史中至少会有很大一部分恐怕早就彻底失传于世——不对,按照赵翼的推断,是这"南北朝七史""盖已一部不存矣"(清赵翼《廿二史札记》卷九"八朝史至宋始行"条。案:赵氏原意,尚另包括《隋书》在内,不过《隋书》的情况同"南北朝七史"有别,不宜一概而论)。

附带说明一下,这"南北朝七史"中的《南齐书》和《北齐书》,本名都应该只是《齐书》。梁萧子显撰著南朝齐国的纪传体史书在先,当然只会以《齐书》为名,而李百药所谓《北

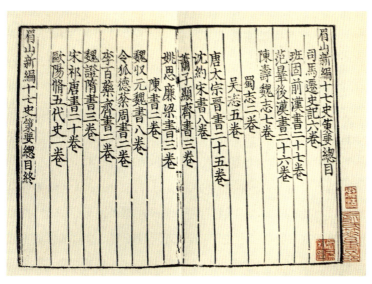

《中华再造善本》丛书影印南宋眉山书坊编刻
《眉山新编十七史策要》

齐书》的修撰已晚至唐初，当时既已有南朝《齐书》存在，其所定书名到底是《齐书》还是《北齐书》，便应稍加琢磨。刘知幾《史通·浮词》在"是以齐史之论魏收，良直邪曲，三说各异"句下的自注，有"李百药《齐书序》"的话语，透露出李百药记述高氏王朝的史书，本名似乎也只是《齐书》。南宋眉山书坊编刻《眉山新编十七史策要》，在卷首总目同时开列有"萧子显《齐书》三卷"和"李百药《齐书》三卷"，可以进一步清楚证明这一点。其更为直接的证据，是《日本国见在书目录》著录此书，书作《齐书》五十卷，唐中书令李百药撰"，这只能是本自保持李百药书名称原貌的写本。

后世读者俗称这两部《齐书》对言南、北，这当然很容易理解，可正式或"南"或"北"地将其刻入书名，揆诸情理，应即始于这次合刻"七史"。盖书既同时校刻，这两部书就不宜再叫同一个名称。就像所谓《旧唐书》和《新唐书》，本名都叫《唐书》，作为正式的书名，这两部书也都一直各自以其本名行世，直到清乾隆年间武英殿合刻"二十四史"，始分别添附"旧""新"两字，把书名镌作《旧唐书》和《新唐书》。

如上文所见，《郡斋读书志》记载这好不容易刻成的"南北朝七史"的流通并不广泛，于"民间传者尚少"。就在这种情况下，金兵南侵，宋师南渡，这嘉祐初刻之本，又遭受了一番深重的磨难。《郡斋读书志》接下来记述道：

未几，遭靖康丙午之乱，中原沦陷，此书几亡。绍兴十四年，井宪孟为四川漕，始檄诸州学官，求当日所颁本。时四川五十余州皆不被兵，书颇有在者，然往往亡缺不全。收合补缀，独少《后魏书》十许卷。最后，得宇文季蒙家本，偶有所少者，于是"七史"遂全。因命眉山刊行。（袁本《郡斋读书志》卷二上"宋书"条）

由于此本刊刻于南宋蜀地刻书中心眉山，世人便习称其书为"眉山七史"。

问题是这种"眉山七史"至今是否仍有传本存世？也就是说《国家图书馆宋元善本图录》著录的所谓"眉山七史"真的是井宪孟在绍兴十四年（1144）刊刻的本子吗？对于古籍版本学研究来说，这是一个十分重要的基本问题，也是一个业已十分清楚的问题。

传世宋刻"七史"，是一种9行18字（或17字或19字）的所谓"大字本"，清代一些藏书家和版本学家便将其视作井宪孟在绍兴十四年刊刻的"眉山七史"（如叶德辉《书林清话》卷六"宋蜀刻七史"条）。民国时张元济为商务印书馆影印百衲本《二十四史》，沿袭了这一说法，以为这些刻本都是所谓"眉山七史"。

但版本学像天下所有门类的学问一样，也是逐渐向前发展的。这两年我在几个不同的场合都反复讲过，真正具有现代学科意义的中国古籍版本学，是由王国维先生开启先河并奠定基础的，中间经过以赵万里先生为代表的第二阶段的发展，最后是由黄永年先生完成其学科构建的；换个说法，可以认为，黄永年先生《古籍版本学》一书的出版，标志着中国古籍版本学研究进入了一个全新的时代。

关于传世9行18字本旧刻"七史"付梓上版的地点并非四川眉山，王国维、傅增湘、赵万里诸先生虽然也曾有所论列，但黄永年先生在《古籍版本学》一书中所做论述最为简要清晰，也最能体现科学的版本学意识：

> 其实，从字体来看，这套七史中的宋代原版完全作欧体，和蜀本毫无相似之处，而张元济在影印百衲本《二十四史》时发现南宋绍兴府官刻《春秋左传正义》的刻工姓名和这眉山七史有很多相同，字体也极相似，张氏认为这是眉山七史书版在"宋时已先入浙之证"，刻工姓名、字体之同于绍兴府官刻乃出于补刻。其实，绍兴府官刻《春秋左传正义》时在庆元六年即公元1200年，距离绍兴十四年即公元1144年井宪孟刊刻眉山七史达半个世纪之久。入浙存杭州国子监刷印的眉山七史原版至此当已模糊破损，于是重刻一套书版以应需求，今天所流传的眉山七史就是这种重刻本所刷印，因而字体都作欧体，因为它已是浙本而不再是蜀本。（黄永年《古籍版本学》第五章第三节《宋蜀本》）

虽然这里所说绍兴十四年所刻"眉山七史"的书版曾经入浙一

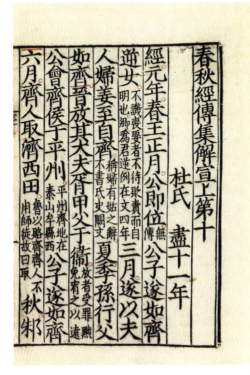

南宋蜀刻《春秋经传集解》
（据《上海图书馆藏宋本图录》）

事或许还可以再加斟酌（案：傅增湘《藏园订补邵亭知见传本书目》卷四《史部·正史类》"宋书"条，即谓所谓"眉山七史"，"究其书为刊于蜀中，后版移临安，历年久远，修补寖多，致原版不存，抑为临安翻雕，则疑莫能明也"，而敝人以为当以浙中翻刻更符合当时的社会状况）。但黄永年先生由其典型的欧体字特征出发，指出这种现存的9行18字本"七史"并不是眉山原版，而是庆元年间前后在绍兴府一带重刻的浙本，这样的结论，却是清清楚楚，明明白白，而且理据充足可信。

黄永年先生对所谓"眉山七史"的论述，更为重要也更为广泛的意义，是他通过这样一个具有代表性的例证，向读者具体地展现了蜀本同浙本之间的鲜明区别。这部《古籍版本学》初版于2005年，姑且不论此书正式出版前黄永年先生早已在北京大学中文系等处讲授很多年相关的内容，我相信《国家图书馆宋元善本图录》的编纂者中有些人早就当面聆听黄先生讲述过这样的观点；就是从这书正式出版问世到《图录》出版之时，也已经有十四年时间，无论如何，这部《国家图书馆宋元善本图录》也应该采纳黄先生的结论，把这些9行18字本"七史"定作重刻的浙本，绝不应该再沿承清人谬说而将其视作眉山原刻了。其实只要对比一下我在这里出示的南宋蜀刻本《春秋经传集解》和被《图录》著录为"绍兴中眉山所刊七史之一，世称蜀大字本"的《北齐书》，在今天，稍习古籍版本知识者是绝不应该把后者视为眉山刻本的。

可是，我们看到的实际情况却与此大相径庭。《图录》当

《国家图书馆宋元善本图录》第0440号藏品
宋刻宋元明递修本"绍兴中眉山所刊七史之一,世称蜀大字本"《北齐书》

中著录了多幅这种9行18字本"七史"书影，或简单记为"宋绍兴中所刊眉山七史之一，即蜀大字本"（《图录》第0418号藏品，《宋书》；第0424号藏品，《梁书》；第0427号藏品、第0429号藏品，《陈书》；第0433号藏品、第0436号藏品、第0437号藏品，《魏书》；第0439号藏品，《北齐书》）；或者更清楚地记作"宋绍兴中眉山所刊七史之一，世称蜀大字本"（《图录》第0419号藏品，《南齐书》；第0440号藏品，《北齐书》；第0441号藏品、第0442号藏品、第0443号藏品，《周书》）。特别是这后一种表述形式中的"眉山所刊"四字，明确无误地表明《图录》编纂者是将其视作绍兴十四年井宪孟在四川刊刻的本子，也就是所谓"眉山七史"的原本。

若论历史渊源，由于北宋嘉祐至政和年间起陆续校勘雕印的"南北朝七史"初刻本本来就主要是"颁之学官"而"民间传者尚少"，从实际著录情况来看，后世传本实际上都应该是从绍兴十四年井宪孟蜀中刻本衍出，也就是都可以说是源自"眉山七史"。但这就像天下所有"眉山东坡肉"虽然都是源自眉山（假如相关传说确实可靠的话），但你却不能说北京、上海、广州、深圳乃至东京和纽约的"眉山东坡肉"都是四川大厨在眉山炮制出来的一样，作为国家权威部门的权威专家所编纂的《国家图书馆宋元善本图录》，还是应当按照其实际产地把这套"南北朝七史"的版本著录为南宋中期的浙本。

2020年8月28日记

## 三联书店
## 近刊作者著作简目

制造汉武帝

海昏侯刘贺

中国印刷史研究

海昏侯新论

辛德勇读书随笔集

版本与目录

天文与历法

金铭与石刻

读史与治史

正史与小说

史事与史笔

通鉴版本谈

正史版本谈